ミラクルラブリー♥

感《かん》動《どう》のどうぶつ物《もの》語《がたり》

天《てん》国《ごく》のキミへ

編著♥青空　純

ミラクルラブリー♡

どうぶつ写真館《しゃしんかん》

思《おも》わずキュン♡となるかわいいペットたちの写真《しゃしん》が
読者《どくしゃ》のみんなから届《とど》いたよ！
（みんなも最後《さいご》のページの左側《ひだりがわ》を見《み》て、お気《き》に入《い》りのどうぶつ写真《しゃしん》を送《おく》ってね。）

トイプードル
ねえねえ
ノーフォークテリア
柴犬《しばいぬ》
ゴロタン
パピヨン
ワンッ!
わ～い
とれた!
ミックス
ダックスフンド
ペタ～ッ

ねむいよ〜
ねこ
のんびり気《き》ままな
ニャンコたち
つかまえた!
ごろごろん
うさぎ
もぐもぐ
かわいい♡
もふもふ
どすん!!

小《しょう》動《どう》物《ぶつ》
うずらだよ
おはよう～★
トリ
ハムスター
もぐもぐ
だして
ハリネズミ
なになに？★
zzz…
カメ
フェレット

もくじ

《おことわり》
ペットが迷子《まいご》になってしまった、または保護《ほご》した場合《ばあい》には、最寄《もよ》りの警察署《けいさつしょ》・保健所《ほけんしょ》・動物愛護《どうぶつあいご》センターなどに届《とど》け出《で》が必要《ひつよう》です。

第《だい》1章《しょう》

キミとの思《おも》い出

深《ふか》いキズナで結《むす》ばれた、大切《たいせつ》などうぶつたち。
「ずっと一緒《いっしょ》だよ」、
そう願《ねが》った命《いのち》がつきたとき、
残《のこ》された家族《かぞく》は……。

青空《あおぞら》純《じゅん》物語《ものがたり》

第《だい》1話《わ》 もう一度《いちど》キミに会《あ》いたい

街角《まちかど》のギャラリーで目《め》にとまった１枚《まい》の絵《え》、
その絵《え》を描《えが》いた女性《じょせい》に、思《おも》わず彩香《あやか》は……

立花《たちばな》先生《せんせい》と♡
かぁあああぁ
いいなあ純《じゅん》〜〜〜
将来《しょうらい》は獣医《じゅうい》さんのお嫁《よめ》さ〜〜〜ん♡
ちがっ
オロ
オロ
キャー
立花《たちばな》先生《せんせい》はそんなんじゃなくてっおみやげも助《たす》けてもらったお礼《れい》というか…
きゃー
きっきいてる!?
ギャラリーの入口《いりぐち》に飾《かざ》られた一枚《いちまい》の色紙《しきし》にわたしたちの足《あし》が自然《しぜん》にとまった

笑ってても
心が泣いてるの
バレちゃうのは
なんでかな？
キミらには
ほんとかなわない。
なんか …いいね
うん あったかい
やさしくて あたたかみのある その絵《え》にひかれ
ちょっと のぞいて みよっか
わたしたちは 中《なか》に入《はい》ってみる ことにした

ギィ…
ドキ
ドキ
こんにちはー
あの…
外《そと》の絵《え》がすてきだったので……
あ
いらっしゃいませ
どうぞなかも
見《み》ていってください
動物《どうぶつ》の絵《え》ばかりなんですね
そうなんです
いろんな方《かた》から
動物《どうぶつ》との心《こころ》あたたまる
思《おも》い出話《でばなし》を聞《き》いて
浮《う》かんだ言葉《ことば》と動物《どうぶつ》を
描《か》いているんですよ

動物《どうぶつ》との
思《おも》い出《で》——
あ…
あの……
チョコを
わたしの犬《いぬ》を
描《か》いてもらえませんか…？
※チョコは彩香《あやか》が6歳《さい》のときペットショップで買《か》ってもらい
姉妹《しまい》みたいに育《そだ》って15歳《さい》で天国《てんごく》に行《い》った彩香《あやか》の大切《たいせつ》なわんこ
彩香《あやか》の話《はなし》を聞《き》きながら絵描《えか》きさんはペンをにぎり
そして……

※チョコのお話《はなし》『感動《かんどう》のどうぶつ物語《ものがたり》 涙《なみだ》は宝物《たからもの》』第《だい》2話《わ》

…できた
わたしの好きなこと
・走ること
・お母のごはん
・かわいいお洋服
でも一番は
あなたと
一緒にいる時間
チョコ
チョコ…
笑《わら》ってる
お話《はなし》からきっと
いつも一緒《いっしょ》で
ペットというより
本当《ほんとう》に仲《なか》のいい
姉妹《しまい》だったんだなって

――……っ
ひっ…
彩香《あやか》ぁ…
…わたし ちょっと前《まえ》まで インコを飼《か》っていて
そのコに 病気《びょうき》があって 長《なが》いこと 闘病生活《とうびょうせいかつ》を してたんです
それで観察力《かんさつりょく》が ついたのかも しれません
動物《どうぶつ》と 飼《か》い主《ぬし》さんの思《おも》いに ふれさせていただいて
わたし自身《じしん》 心《こころ》にあかりを ともしてもらって いるんです

第《だい》2話《わ》 しずくと一緒《いっしょ》に

まどかのそばには、いつもしずくがいた。
ある日《ひ》まどかがいつものように
仕事《しごと》をしていると、しずくが…。

しずくのいない
生活《せいかつ》なんて
もう考《かんが》えられないの
コーヒーでもいれて
あとひとふんばり
かなー
ん〜〜
はかどったー！
ガシャン
カタカタ
カタ…
しずく…？
寝《ね》ぼけた
かな……
はら…

しずく!?
バサッ
バタ
ギギ…
どうしたの!?
キィ…ッ
なにこれっ…
病気《びょうき》!?
みどりが丘ことり病院
けいれんは
どのくらい
続《つづ》きましたか?
え…えーっと…
かなり長《なが》かったかと…
30分《ぷん》くらいかな?
もっと?

あの…
測《はか》ってはいなかったので…
20分《ぷん》……もっとかも…
ぶるるんっ
ぐっ…
——どうしよう
日《ひ》ごろ水《みず》はよく飲《の》んでいますか？
…ふ…
ふつうだと
なにか最近《さいきん》おかしな様子《ようす》は？
しずくのことちゃんと答《こた》えられない
わたしだめな飼《か》い主《ぬし》だ——
東野《とうの》さん
はっ…
すぐに原因《げんいん》はわからないのでこのまま様子《ようす》を見《み》て検査結果《けんさけっか》が出《で》たら治療方法《ちりょうほうほう》を考《かんが》えましょう
まずは発作《ほっさ》をおさえる薬《くすり》を出《だ》しますから
予防《よぼう》のために毎日《まいにち》飲《の》ませてください
はい
もしまた発作《ほっさ》がおきた場合《ばあい》は……——

それでは
来週《らいしゅう》また
受診《じゅしん》してください
ところが…
あーっ暴《あば》れないでっ
いやでも飲《の》まなきゃ
しずく～～！
がぶ
がぶ
いたっ
お医者《いしゃ》さんのように
うまく飲《の》ませるのは
むずかしくて
お薬飲まないと
よくならないよー？
いやがるしずくと
格闘《かくとう》の日々《ひび》
1週間後《しゅうかんご》――
しずく～
そろそろお医者《いしゃ》さん
行《い》くよー
ガタン！
うそっ！
また!?
バタ
バタ
どうしよう…
なにをすれば
いいんだっけ…

つらそうで見《み》ていられない!!
ギギ…
だめ…
バタタッ
が丘ことり病
先《さき》ほどはお電話《でんわ》でアドバイスありがとうございました
いいんですよ
しずくがつらそうなのを見《み》てるとパニックになってしまって……
じわ…
……っ
しっかりしてください東野《とうの》さん!
ぽろぽろ
しずくちゃんのそばにいて助《たす》けてあげられるのはあなただけなんですよ!

今日《きょう》は薬《くすり》のあげ方《かた》をしっかり覚《おぼ》えていきましょう
そうだ…わたしがしっかりしなきゃ!!
しずくを守《まも》れるのはわたしなんだ!
結局《けっきょく》けいれんの原因《げんいん》はわからず
今後《こんご》は発作《ほっさ》を予防《よぼう》しながら
発作《ほっさ》がおきたときはしずくになるべく負担《ふたん》をかけないように対処《たいしょ》していくことになった
ごめんねレイアウト変《か》えちゃって
落《お》ちても危《あぶ》なくないようにケージは模様《もよう》がえして

投薬《とうやく》や発作《ほっさ》は記録《きろく》をつけ少《すこ》しの変化《へんか》も書《か》きとめた
ガタッ
ギギギギ
バサササ…
バタッ
しずくっ！
えっと… 4時20分
はじめはおぼつかなかった投薬《とうやく》も
の…飲んだ？
上手に飲めました～♡
キュル
悲《かな》しいことに上達《じょうたつ》していく
今週《こんしゅう》は発作《ほっさ》3回目《かいめ》だ…
仕事《しごと》がおくれてるな――…
ハア…
続《つづ》くこの生活《せいかつ》に時折《ときおり》不安《ふあん》がおし寄《よ》せる

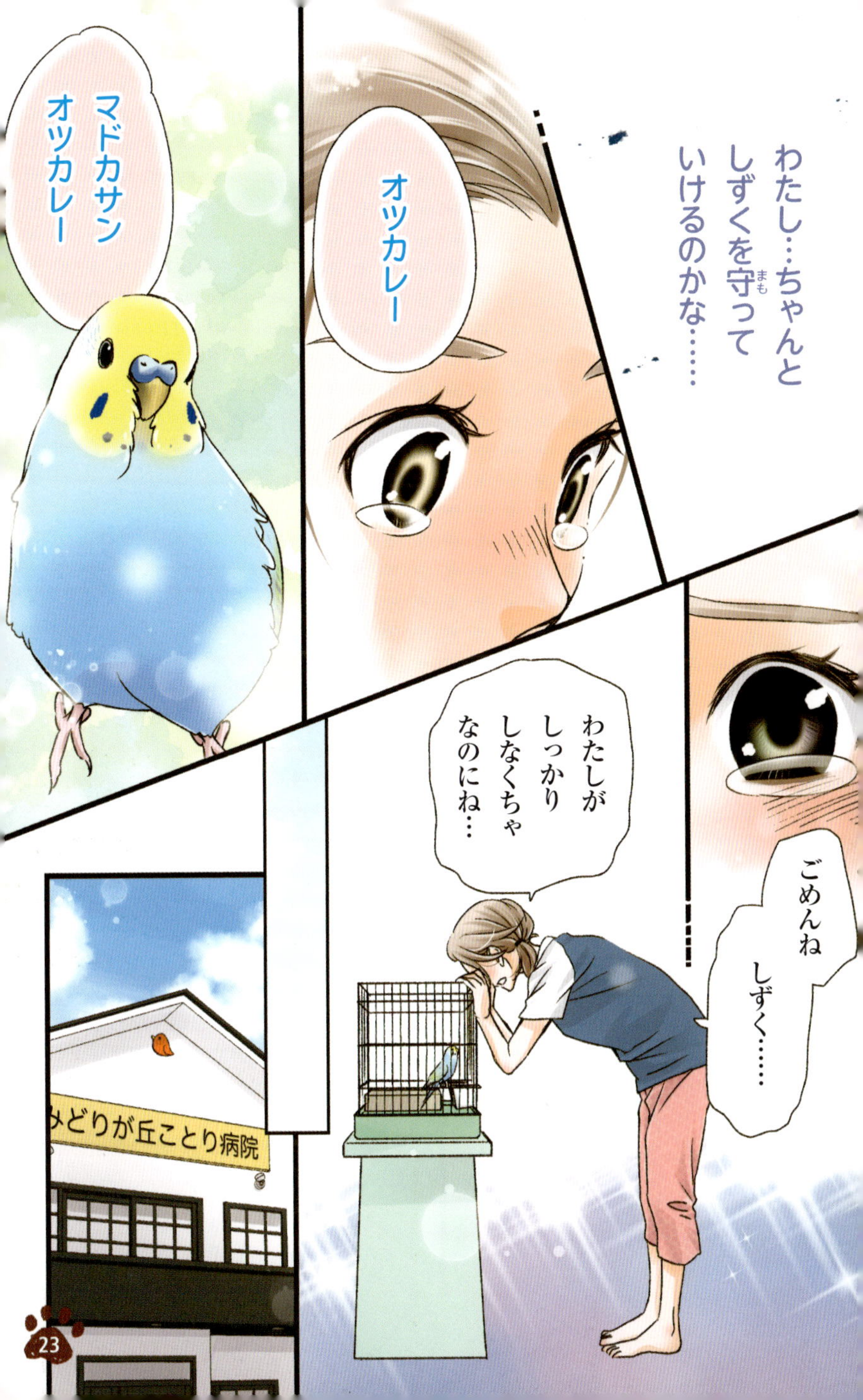
わたし…ちゃんと しずくを守《まも》って いけるのかな……
オッカレー
マドカサン オッカレー
ごめんね しずく……
わたしが しっかり しなくちゃ なのにね…
みどりが丘ことり病院

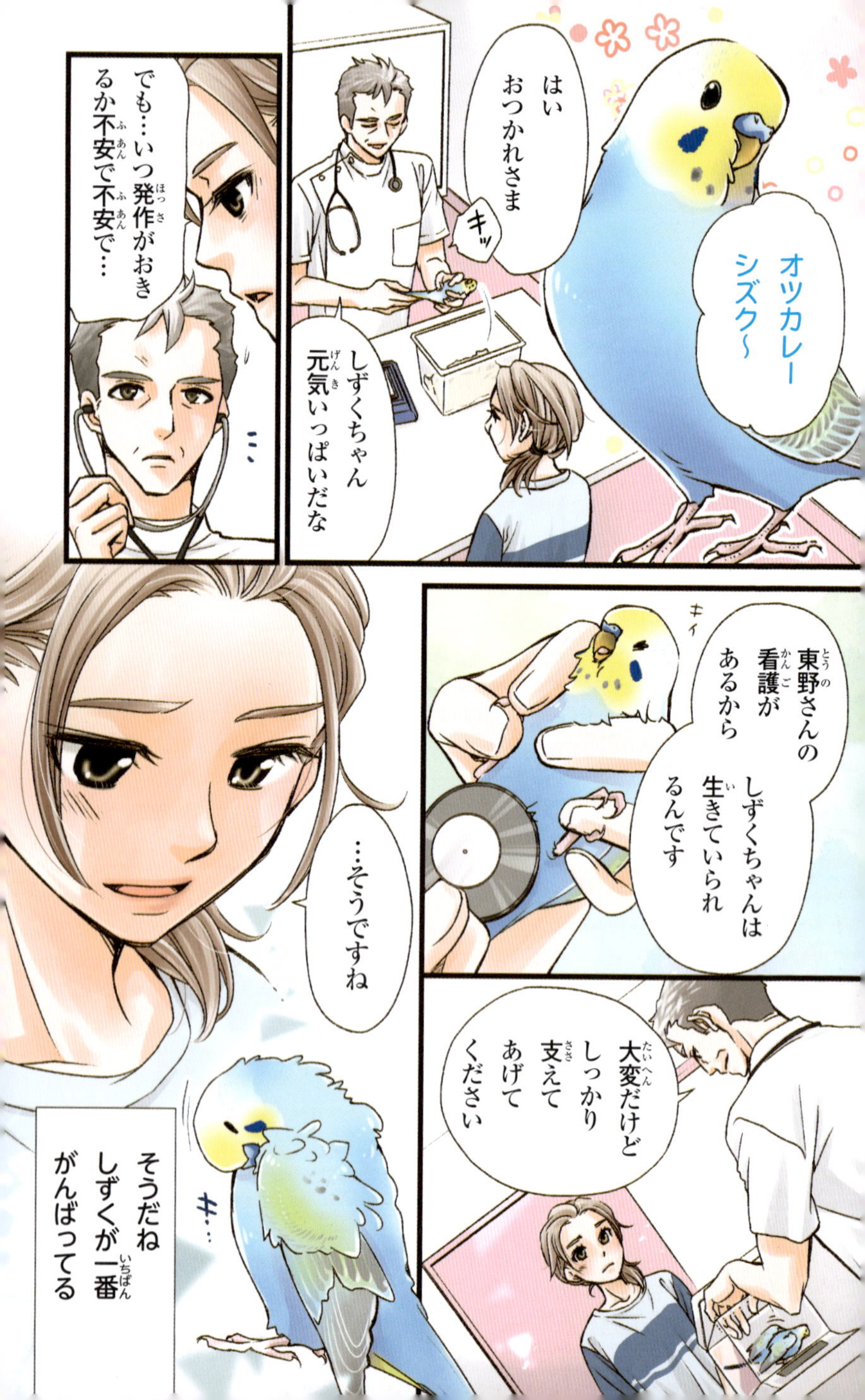
オッカレー シズク〜
はい おつかれさま
キッ
しずくちゃん 元気《げんき》いっぱいだな
でも…いつ発作《ほっさ》がおきるか不安《ふあん》で不安《ふあん》で…
東野《とうの》さんの看護《かんご》があるから しずくちゃんは生《い》きていられるんです
キィ
…そうですね
大変《たいへん》だけど しっかり支《ささ》えてあげてください
そうだね しずくが一番《いちばん》がんばってる
キ…

※好《す》きな相手《あいて》に一度《いちど》食《た》べたエサを吐《は》き出《だ》す行為《こうい》。

これからの看護《かんご》は今《いま》まで以上《いじょう》に大変《たいへん》になります
入院《にゅういん》させますか？
…入院《にゅういん》
一日《いちにち》でも長《なが》く一緒《いっしょ》にいたいです
わたしがしずくを支《ささ》えたい！
先生《せんせい》力《ちから》を貸《か》してください!!
わかりました わたしも全力《ぜんりょく》でサポートします！
何《なに》かあったら何時《なんじ》でもいいので電話《でんわ》をください！

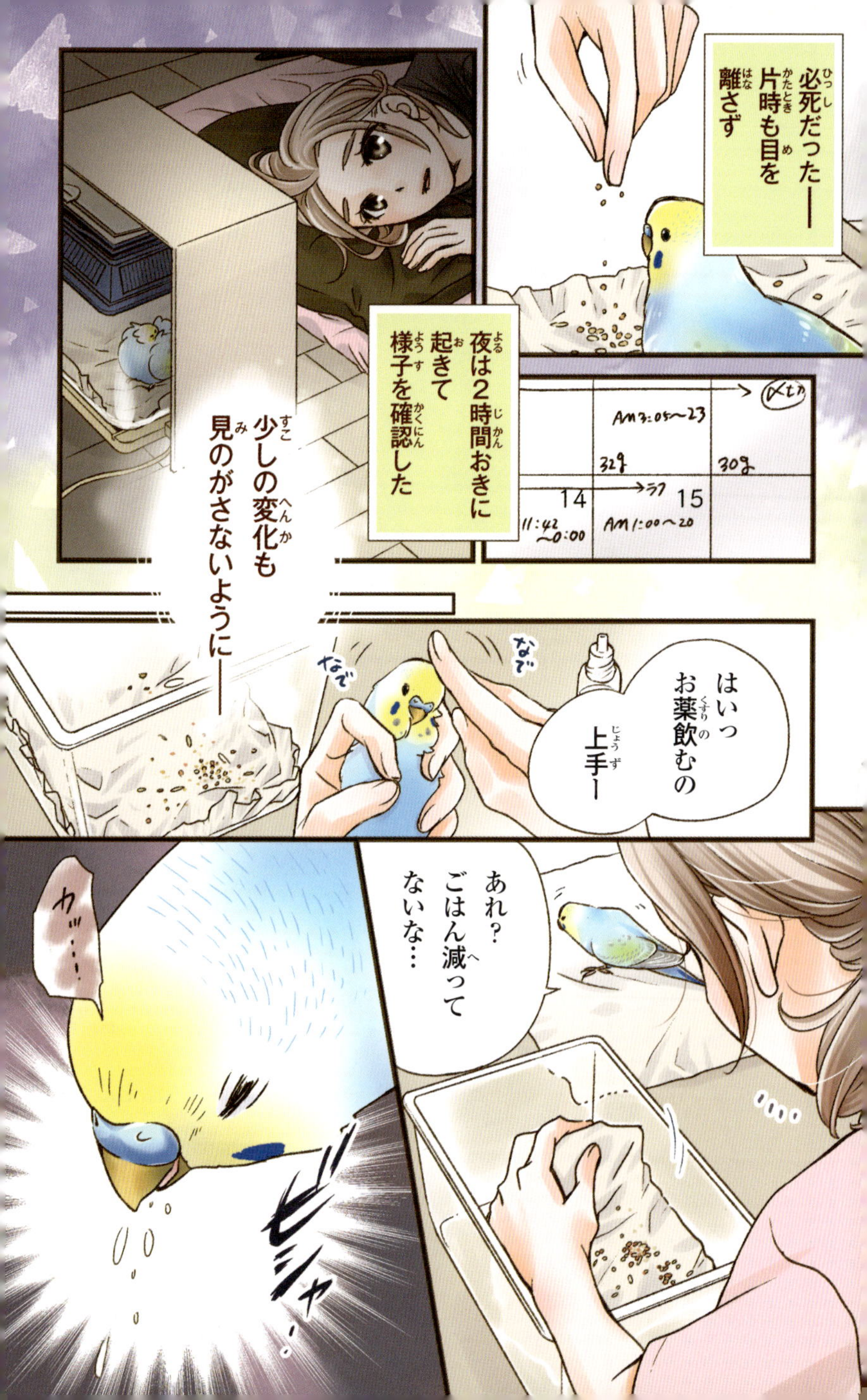

必死《ひっし》だった——
片時《かたとき》も目《め》を離《はな》さず
夜《よる》は2時間《じかん》おきに起《お》きて様子《ようす》を確認《かくにん》した
AM3:05〜23
32g
30g
14
15
ラク
11:42〜0:00
AM1:00〜20
少《すこ》しの変化《へんか》も見《み》のがさないように——
なで
なで
はいっ お薬《くすり》飲《の》むの上手《じょうず》ー
あれ？ ごはん減《へ》ってないな…
・・・・
カッ…
ビシャッ

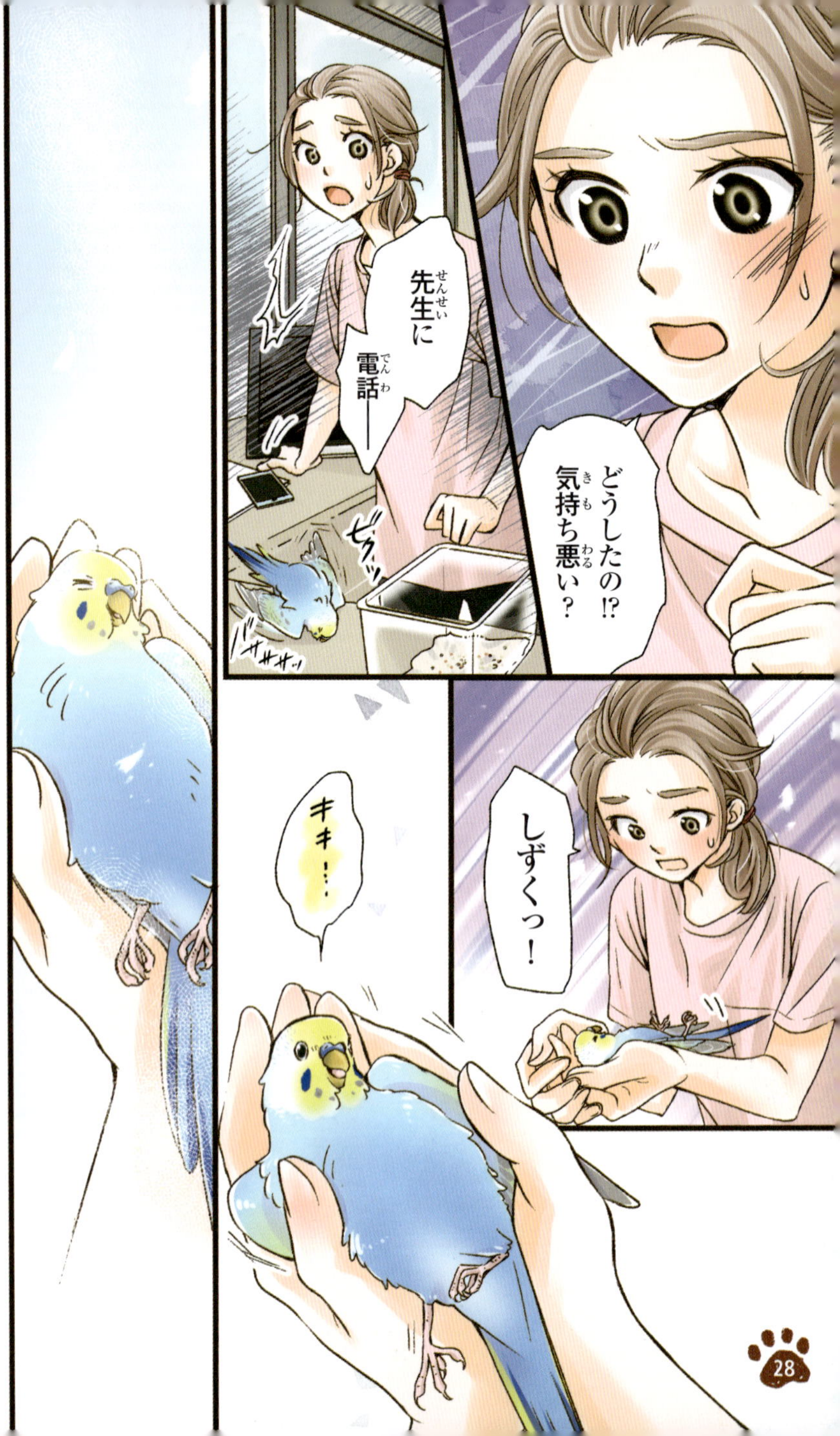
どうしたの⁉ 気持《きも》ち悪《わる》い？
先生《せんせい》に電話《でんわ》——
ビクッ
バサササッ
しずくっ！
キキ…

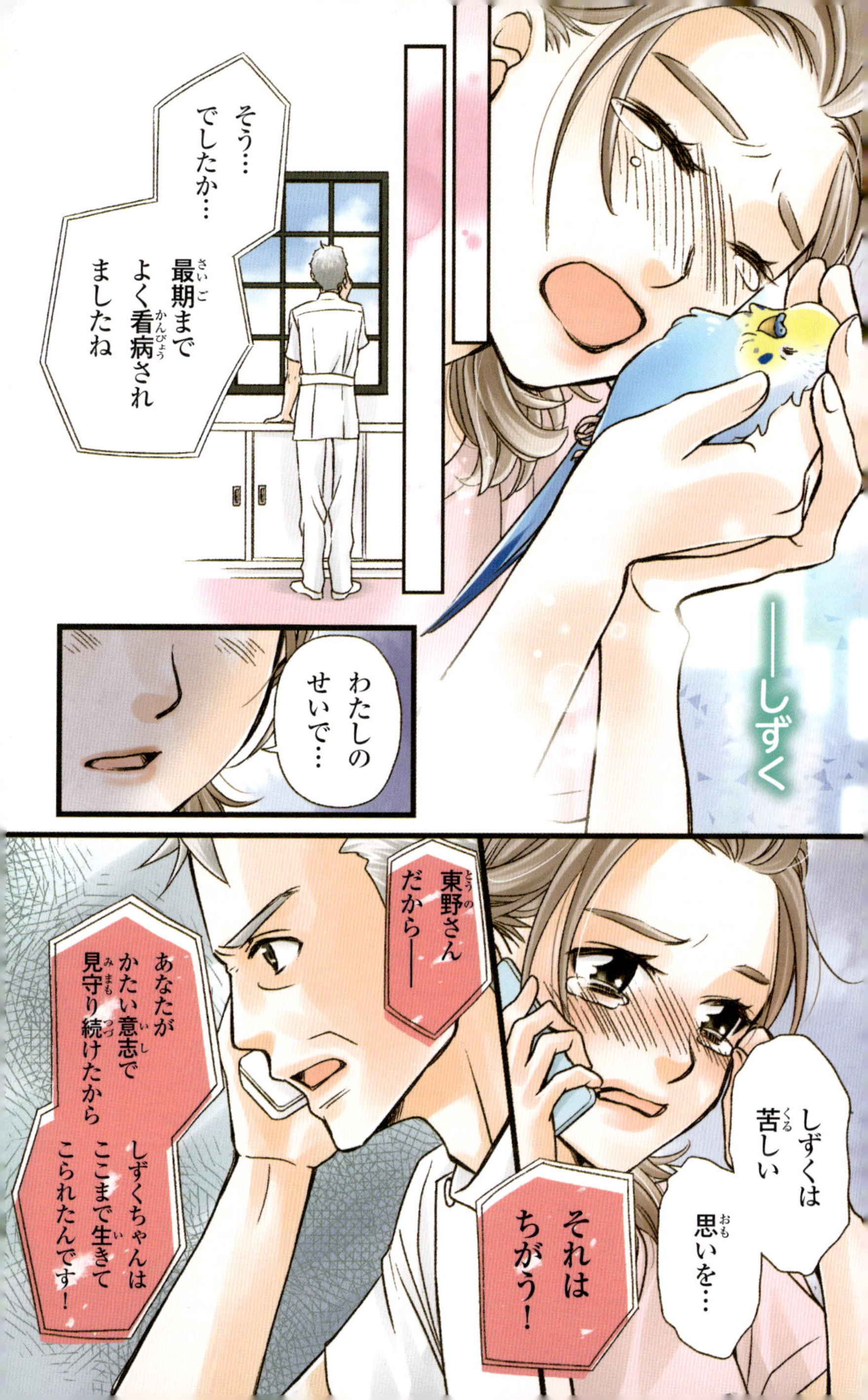

――しずく
そう…でしたか…最期《さいご》までよく看病《かんびょう》されましたね
わたしのせいで…
しずくは苦《くる》しい思《おも》いを…
それはちがう！
東野《とうの》さんだから――
あなたがかたい意志《いし》で見守《みまも》り続《つづ》けたから
しずくちゃんはここまで生《い》きてこられたんです！

——わたしは
東野《とうの》さんから
大事《だいじ》なことを
教《おそ》わりました
…え？
これまでわたしは
獣医《じゅうい》がどうぶつの
命《いのち》を助《たす》けるんだって
意気《いき》ごんできた
でもあなたの
姿《すがた》を見《み》て——
獣医《じゅうい》が
どうぶつと飼《か》い主《ぬし》さんの
がんばりをサポートする——
この連係《れんけい》こそが
大事《だいじ》なんだと
気《き》づかされました
ありがとう
アリガトウ——
東野《とうの》さんも
しずくちゃんも
本当《ほんとう》によく
がんばりました
おつかれさま
でした
しずく…
ありがとう

あっ…すみません
無神経《むしんけい》でしたね
いえっ！
そんなこと
ないです！
先生《せんせい》…
本当《ほんとう》に
お世話《せわ》になりました
―しずく
わたし
しずくといられて
幸《しあわ》せだったよ
きっとこのコと
わたしのように
どうぶつと人《ひと》の
ふれあいのなかには
いろんなドラマがある

聞《き》いてみたい
いろんな話《はなし》を
そして——
20
COLORS
描《えが》いてみたい！

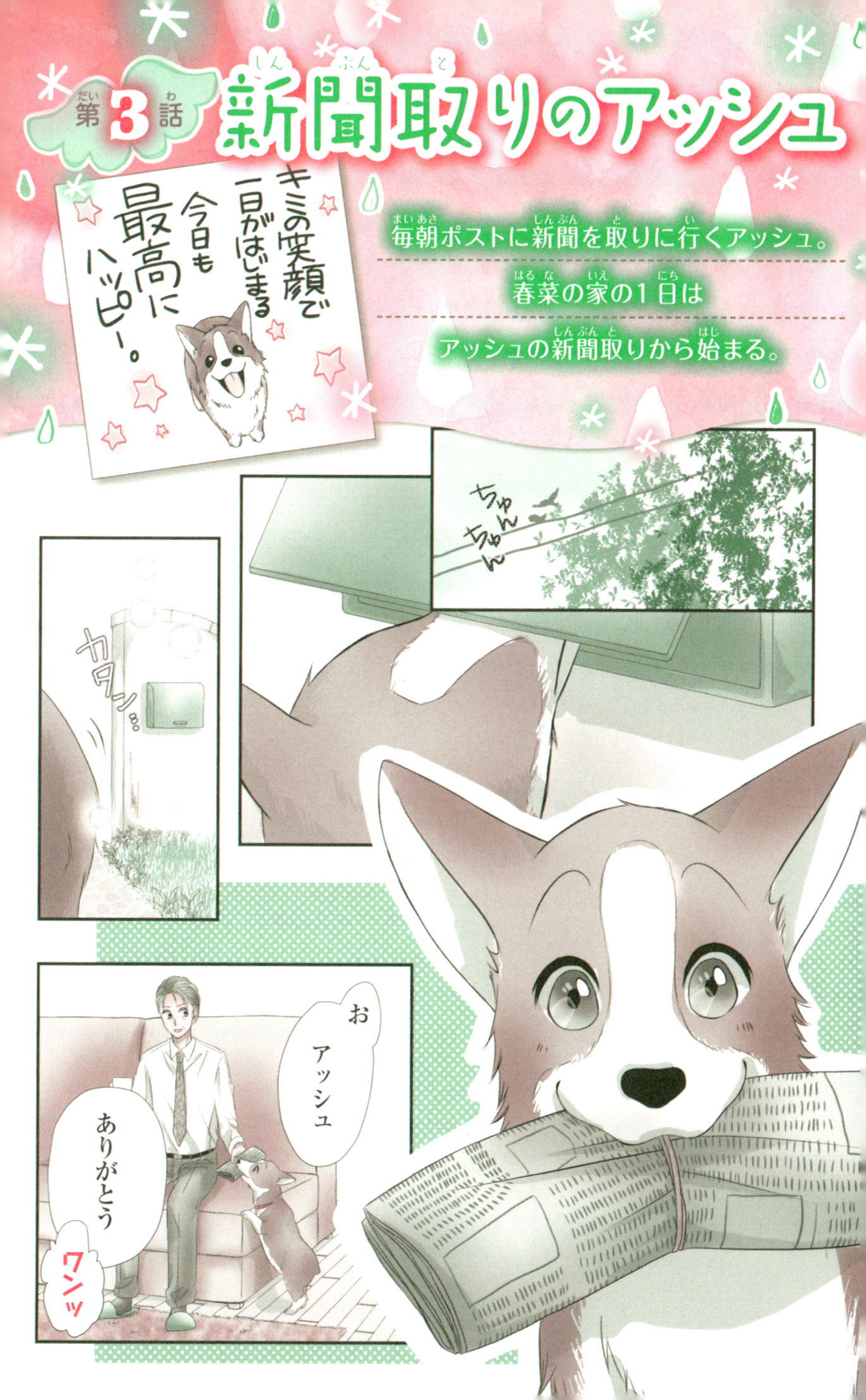
第《だい》3話《わ》
新聞《しんぶん》取《と》りのアッシュ
キミの笑顔で
一日がはじまる
今日も
最高に
ハッピー。
毎朝《まいあさ》ポストに新聞《しんぶん》を取《と》りに行《い》くアッシュ。
春菜《はるな》の家《いえ》の1日《にち》は
アッシュの新聞《しんぶん》取《と》りから始《はじ》まる。
ちゅんちゅん
カタン…
お アッシュ
ありがとう
ワンッ

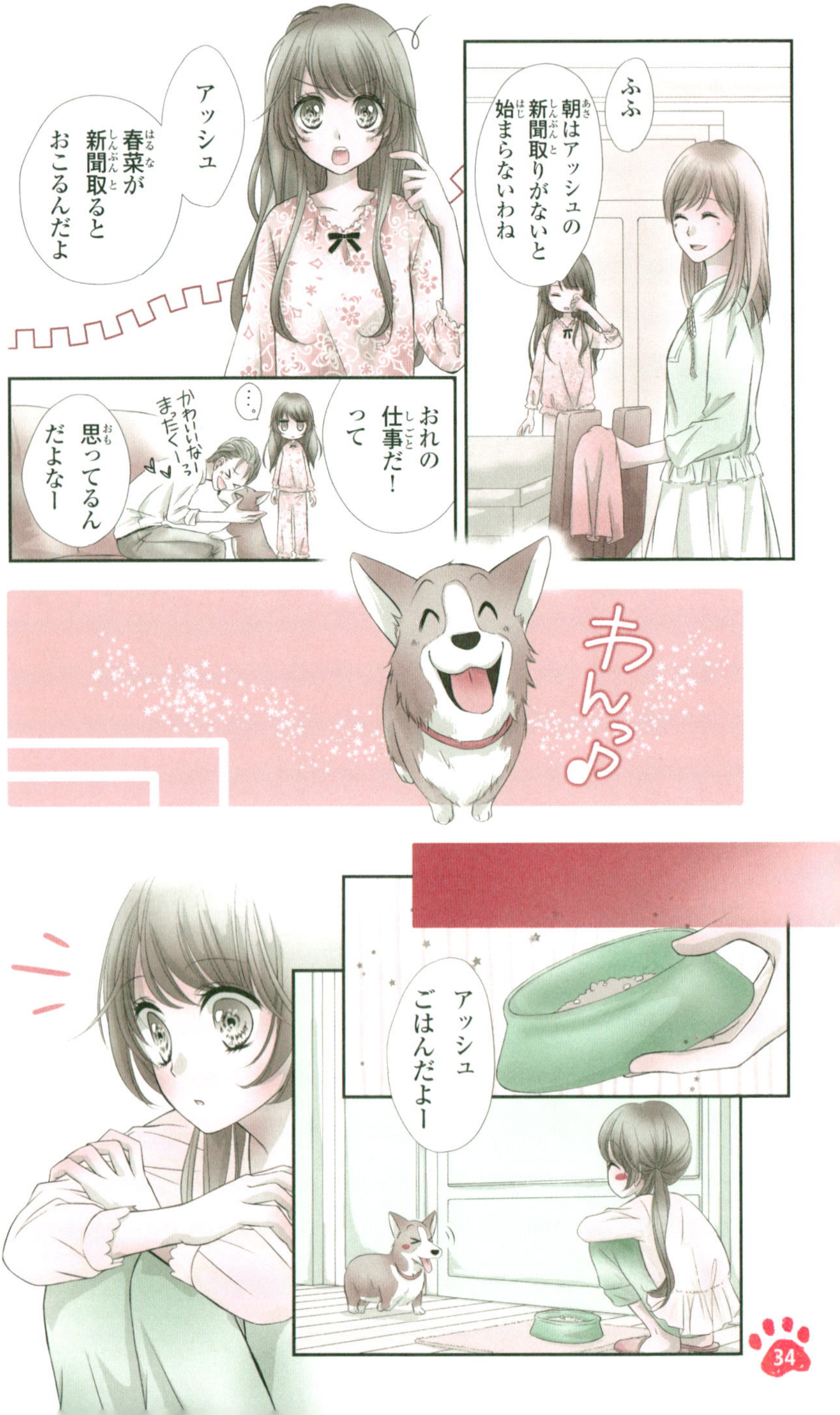
ふふ
朝《あさ》はアッシュの新聞取《しんぶんと》りがないと始《はじ》まらないわね
アッシュ
春菜《はるな》が新聞取《しんぶんと》るとおこるんだよ
おれの仕事《しごと》だ！って
…。
かわいいなーまったくーっ
思《おも》ってるんだよなー
わん♪
アッシュごはんだよー

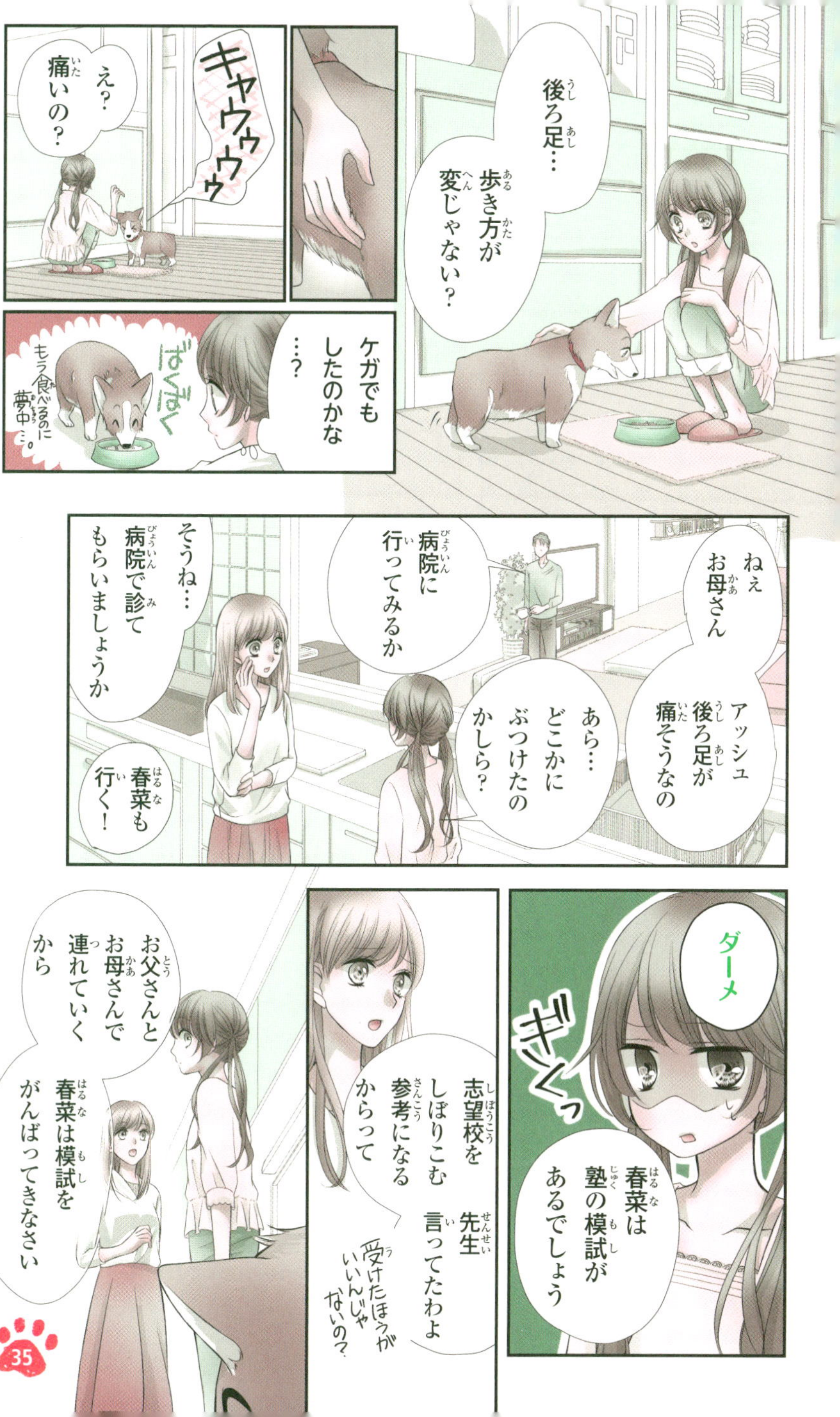
後《うし》ろ足《あし》…
歩《ある》き方《かた》が変《へん》じゃない？
キャウウウウ
え？痛《いた》いの？
ケガでもしたのかな…？
ばくばく
もう食《た》べるのに夢中《むちゅう》こ。
ねぇお母《かあ》さん
アッシュ後《うし》ろ足《あし》が痛《いた》そうなの
あら…どこかにぶつけたのかしら？
病院《びょういん》に行《い》ってみるか
そうね…病院《びょういん》で診《み》てもらいましょうか
春菜《はるな》も行《い》く！
ダーメ
ぎくっ
春菜《はるな》は塾《じゅく》の模試《もし》があるでしょう
志望校《しぼうこう》をしぼりこむ参考《さんこう》になるからって
先生《せんせい》言《い》ってたわよ
受《う》けたほうがいいんじゃないの？
お父《とう》さんとお母《かあ》さんで連《つ》れていくから
春菜《はるな》は模試《もし》をがんばってきなさい

はーい
まっ
大《たい》したこと
ないよね
ただいまー
模試《もし》めっちゃ
つかれた～

数学《すうがく》がすごく むずかしくて…
？
って なになに 暗《くら》いよー？
アッシュ…
※悪性《あくせい》の腫瘍《しゅよう》がある みたいなんだ
骨《ほね》のガン だって…
もう 治《なお》らない かもって
お医者《いしゃ》さんが…
え…？
…う

※体《からだ》に悪影響《あくえいきょう》をもたらすできもの。

ウソだよ…！
ほ
ほかの病院《びょういん》に行《い》こうよ
春菜《はるな》…
わたし信《しん》じない！
ちょっと足《あし》を痛《いた》がってるだけで元気《げんき》じゃん！
そんなのやぶ医者《いしゃ》だよ！
アッシュをちゃんと診《み》てくれる病院《びょういん》
探《さが》そうよ…
わたしたちはコーギーの治療《ちりょう》で実績《じっせき》のある病院《びょういん》を探《さが》した
できることがあると信《しん》じて…

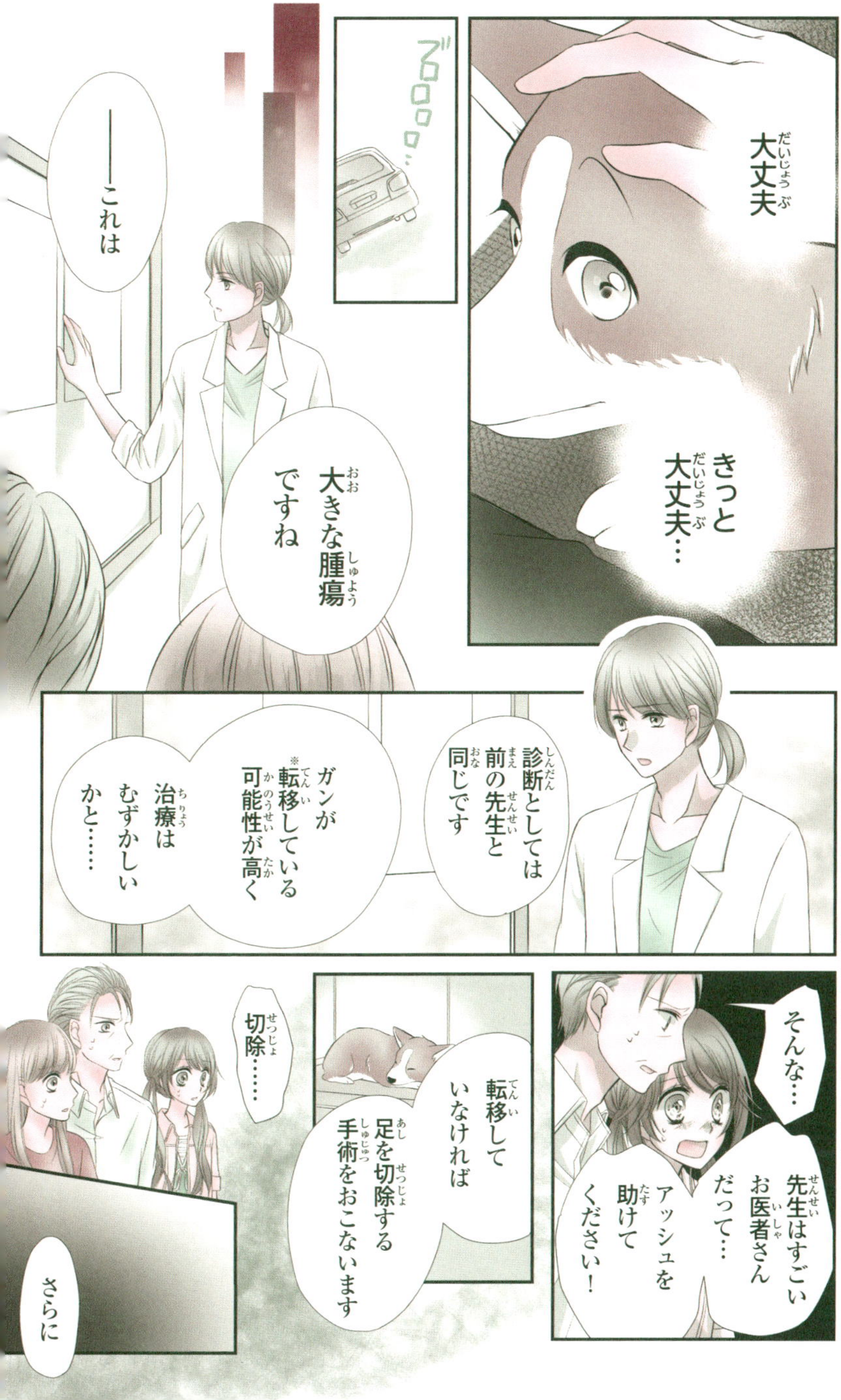
大丈夫《だいじょうぶ》
きっと大丈夫《だいじょうぶ》…
ブロロロロ…
――これは
大きな《おお》腫瘍《しゅよう》ですね
診断《しんだん》としては前《まえ》の先生《せんせい》と同《おな》じです
ガンが※転移《てんい》している可能性《かのうせい》が高《たか》く
治療《ちりょう》はむずかしいかと……
そんな…
先生《せんせい》はすごいお医者《いしゃ》さんだって…
アッシュを助《たす》けてください!
転移《てんい》していなければ
足《あし》を切除《せつじょ》する手術《しゅじゅつ》をおこないます
切除《せつじょ》……
さらに

※病気《びょうき》の部分《ぶぶん》が、体《からだ》の別《べつ》の場所《ばしょ》に移《うつ》り、同《おな》じ症状《しょうじょう》をおこすこと。

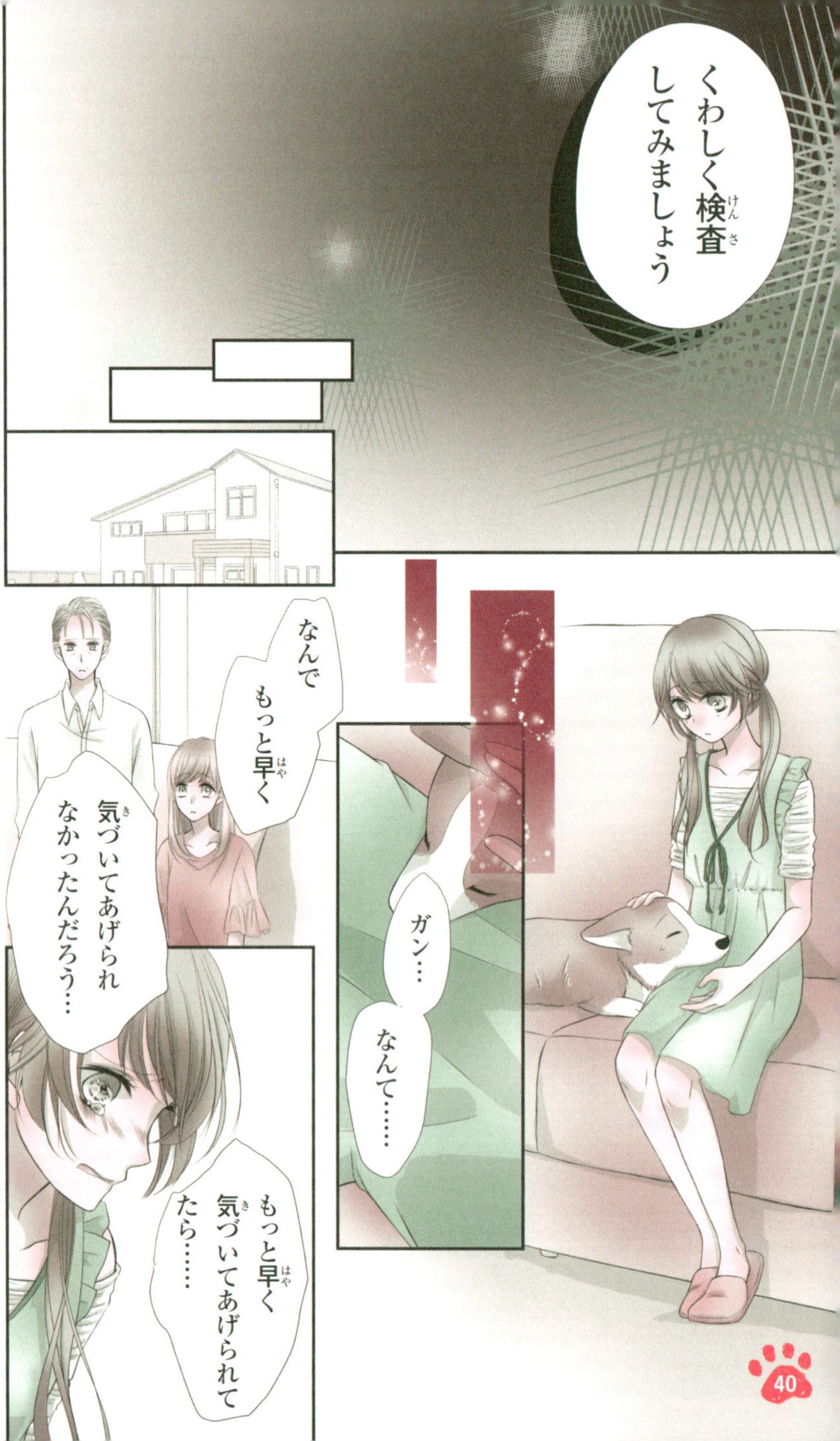
くわしく検査《けんさ》してみましょう
なんでもっと早《はや》く
気《き》づいてあげられなかったんだろう…
ガン…
なんて……
もっと早《はや》く気《き》づいてあげられてたら……

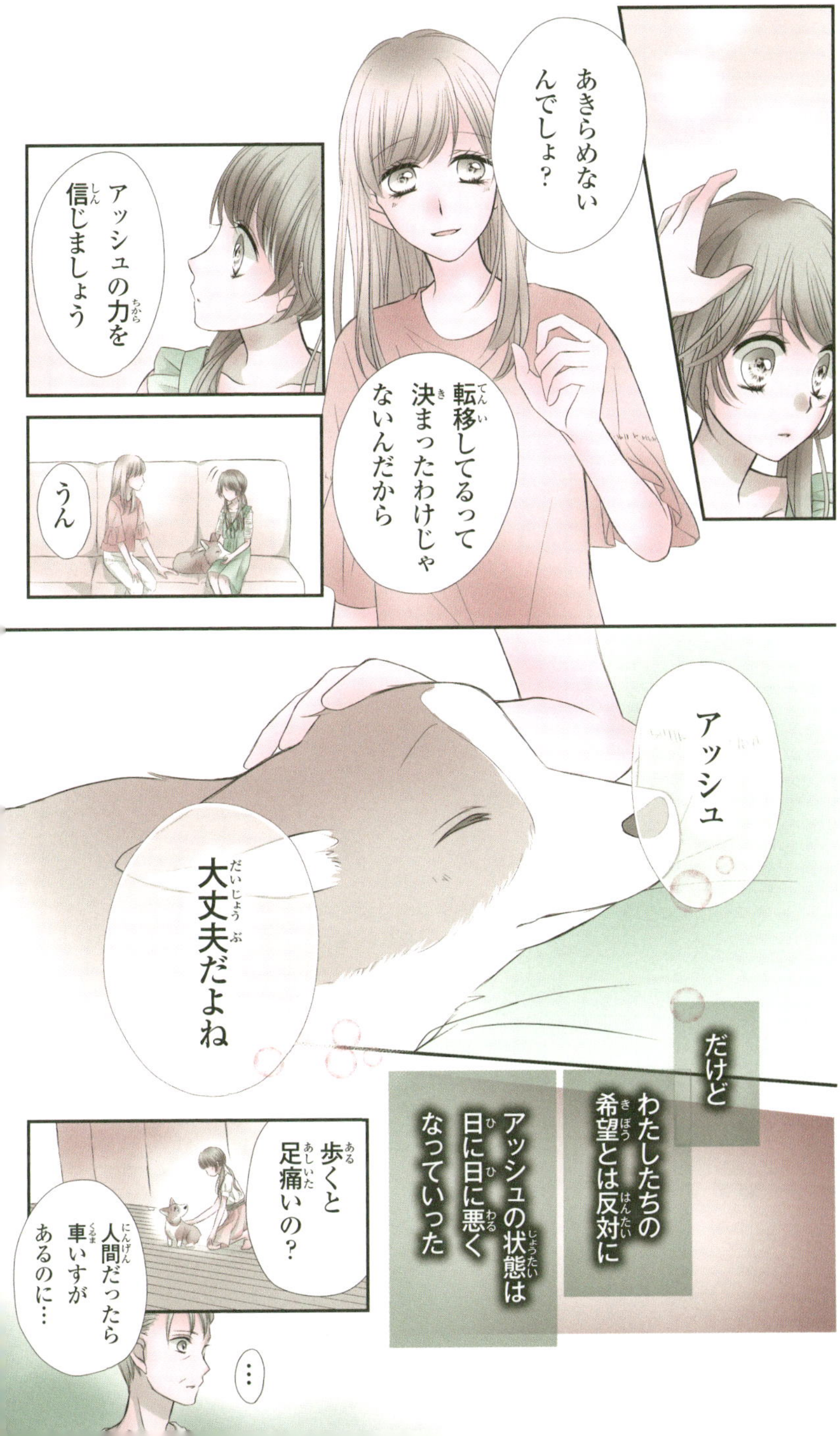
あきらめないんでしょ？
転移《てんい》してるって決《き》まったわけじゃないんだから
アッシュの力《ちから》を信《しん》じましょう
うん
アッシュ
大丈夫《だいじょうぶ》だよね
だけど
わたしたちの希望《きぼう》とは反対《はんたい》に
アッシュの状態《じょうたい》は日《ひ》に日《ひ》に悪《わる》くなっていった
歩《ある》くと足痛《あしいた》いの？
人間《にんげん》だったら車《くるま》いすがあるのに…
…

車《くるま》いす作《つく》ってみるか！
どうだ…？
おお〜〜〜っ
やった！アッシュ！これで歩《ある》けるね!!
ミーンミンミン
ミーンミ
ジージー
ジー

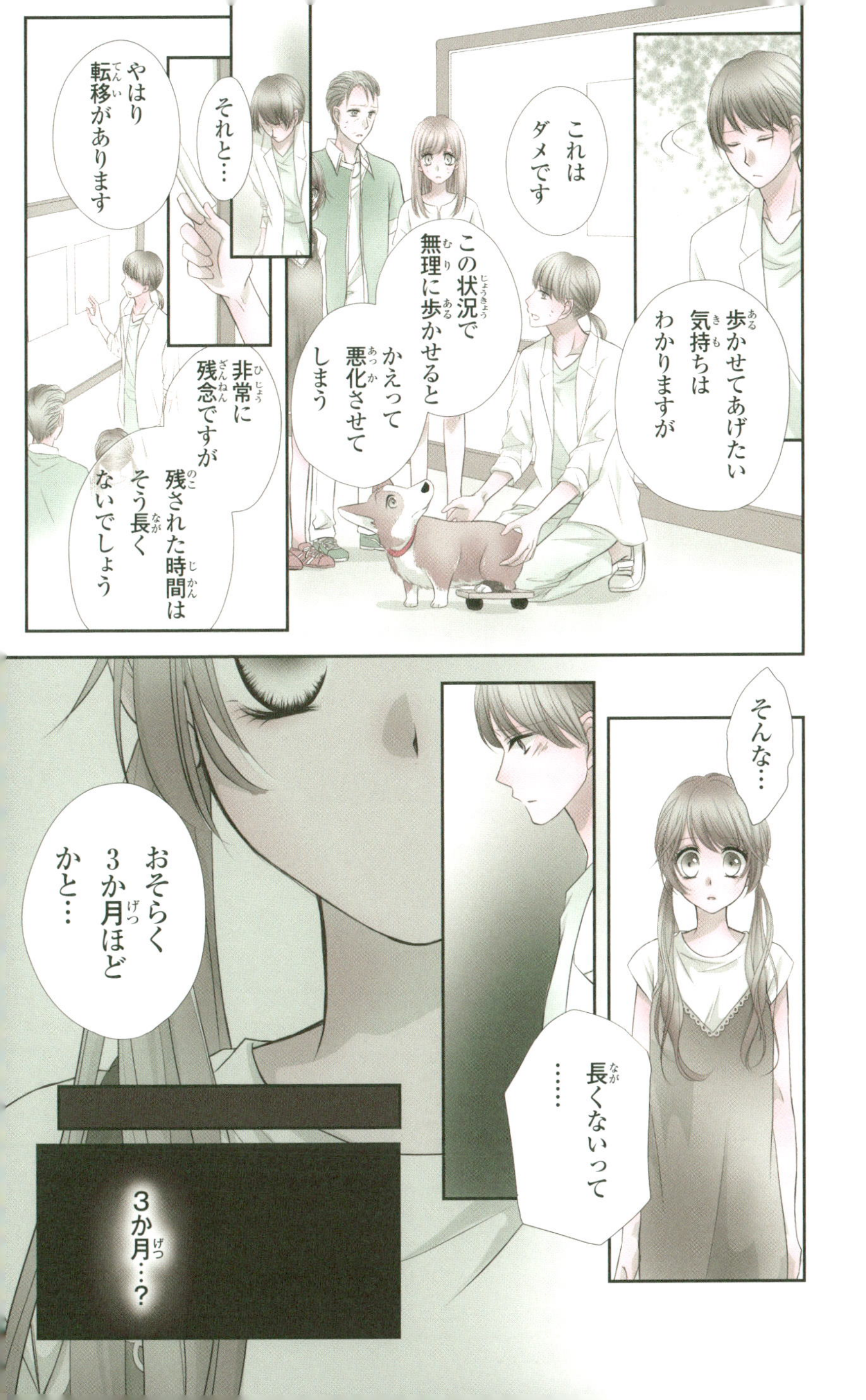

歩《ある》かせてあげたい気持《きも》ちはわかりますが
これはダメです
この状況《じょうきょう》で無理《むり》に歩《ある》かせるとかえって悪化《あっか》させてしまう
それと…
やはり転移《てんい》があります
非常《ひじょう》に残念《ざんねん》ですが残《のこ》された時間《じかん》はそう長《なが》くないでしょう
そんな…
長《なが》くないって……
おそらく3か月《げつ》ほどかと…
3か月《げつ》…?

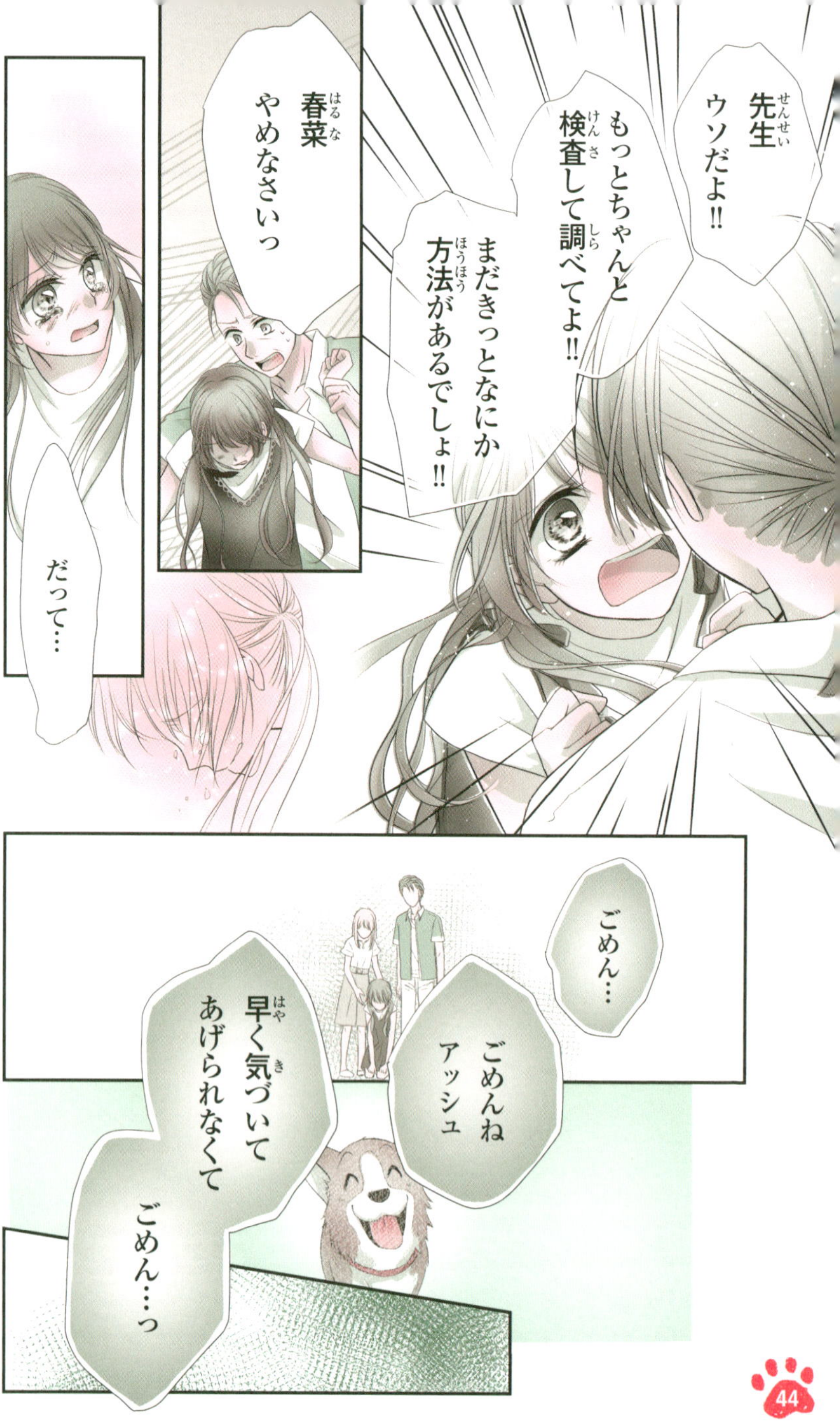
先生《せんせい》 ウソだよ!!
もっとちゃんと 検査《けんさ》して調《しら》べてよ!!
まだきっとなにか 方法《ほうほう》があるでしょ!!
春菜《はるな》 やめなさいっ
だって…
ごめん…
ごめんね アッシュ
早《はや》く気《き》づいて あげられなくて
ごめん…っ

どうぶつはね自分《じぶん》の病気《びょうき》やケガをかくそうとするものだよ
それが
敵《てき》におそわれないようにするためのどうぶつの本能《ほんのう》なんだ
だから
飼《か》い主《ぬし》さんのせいではないんだよ
これからぼくたちがしてあげられることは
アッシュくんが残《のこ》された日々《ひび》を痛《いた》みなく
平穏《へいおん》に過《す》ごせるようサポートしてあげることです
アッシュがいなくなる

アッシュ
アッシュ
アッシュ
アッシュ
『残《のこ》された日々《ひび》を痛《いた》みなく平穏《へいおん》に過《す》ごせるようサポートしてあげること』
アッシュに残《のこ》された時間《じかん》は少《すく》ないんだ
お母《かあ》さんお父《とう》さん
わたし
アッシュが幸《しあわ》せに思《おも》えるよう
なんでもする

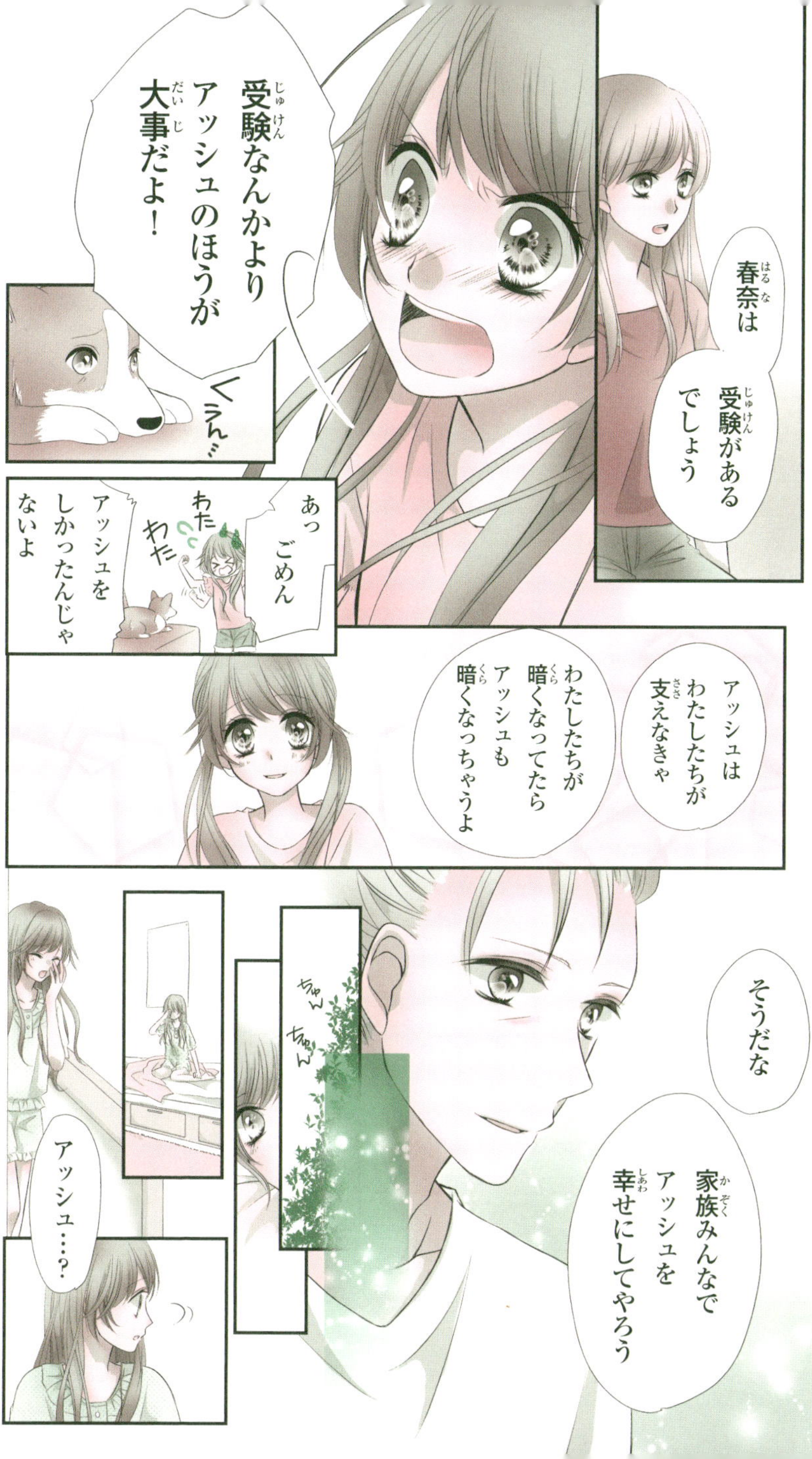
春奈《はるな》は
受験《じゅけん》があるでしょう
受験《じゅけん》なんかより アッシュのほうが 大事《だいじ》だよ！
くぅん…
あっ ごめん
わた わた
アッシュを しかったんじゃ ないよ
アッシュは わたしたちが 支《ささ》えなきゃ
わたしたちが 暗《くら》くなってたら アッシュも 暗《くら》くなっちゃうよ
そうだな
家族《かぞく》みんなで アッシュを 幸《しあわ》せにしてやろう
ちゅん ちゅん
アッシュ…？

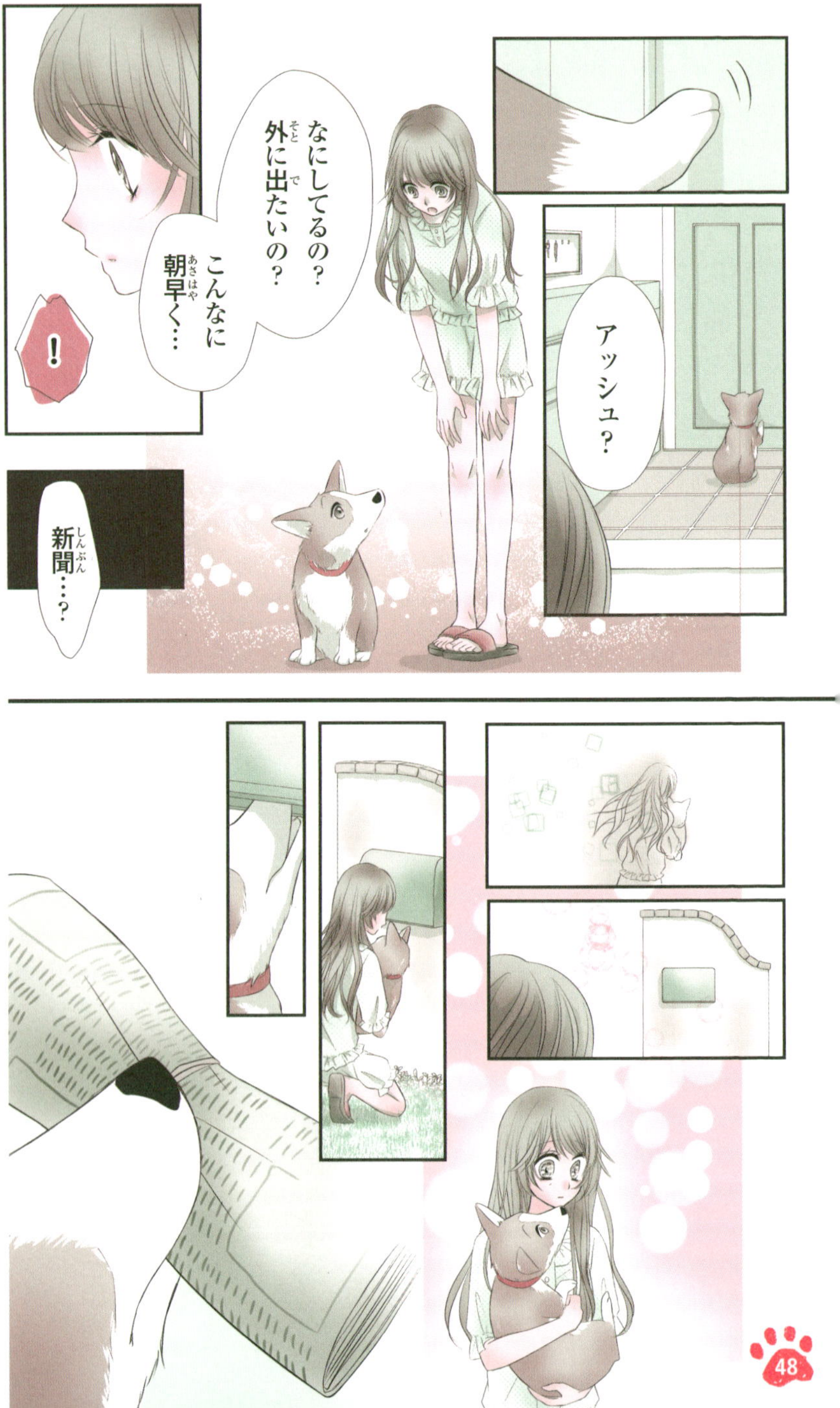
アッシュ？
なにしてるの？
外《そと》に出《で》たいの？
こんなに
朝早《あさはや》く…
！
新聞《しんぶん》…？

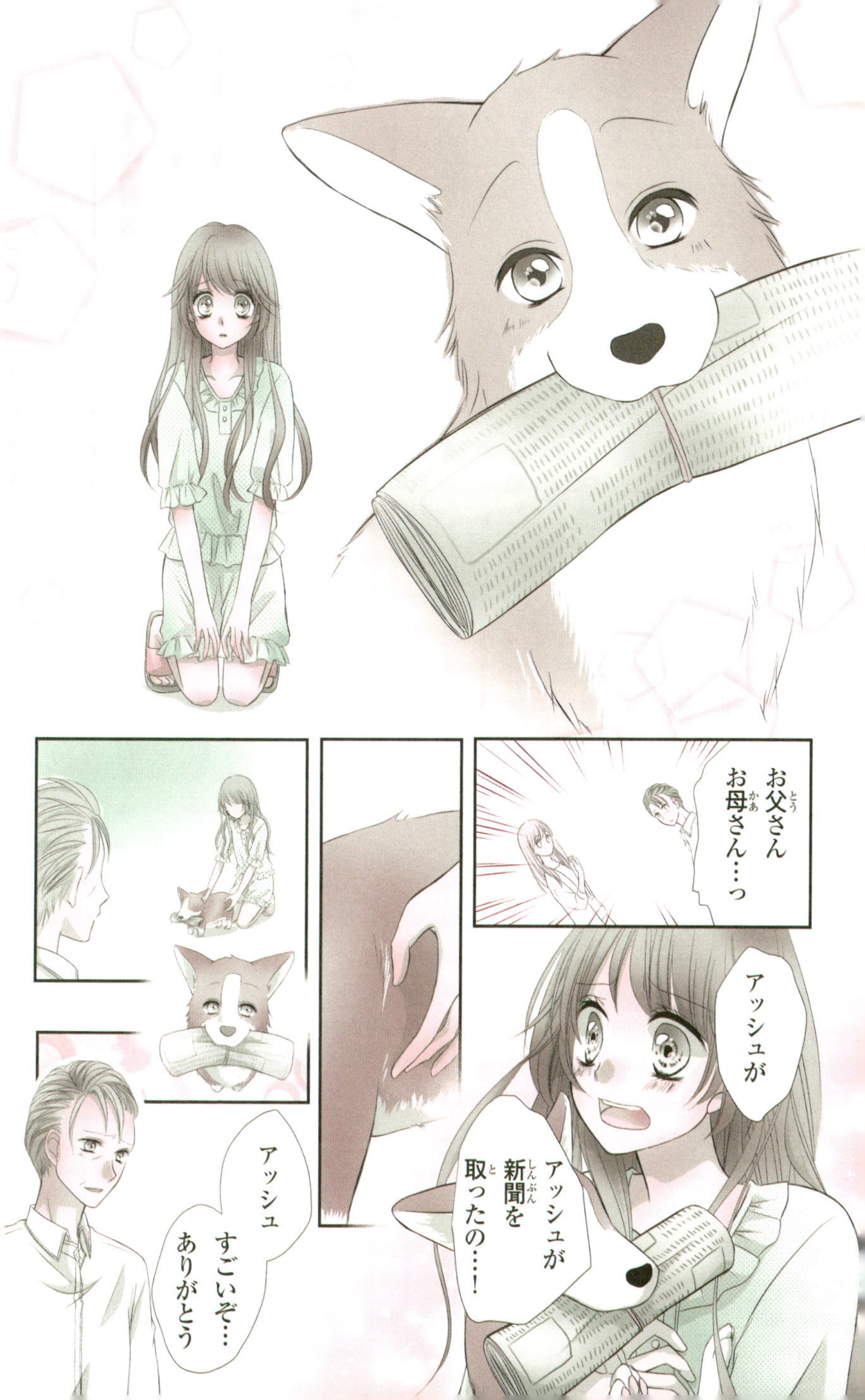
お父《とう》さん
お母《かあ》さん…っ
アッシュが
アッシュが
新聞《しんぶん》を
取《と》ったの…!
アッシュ
すごいぞ…
ありがとう

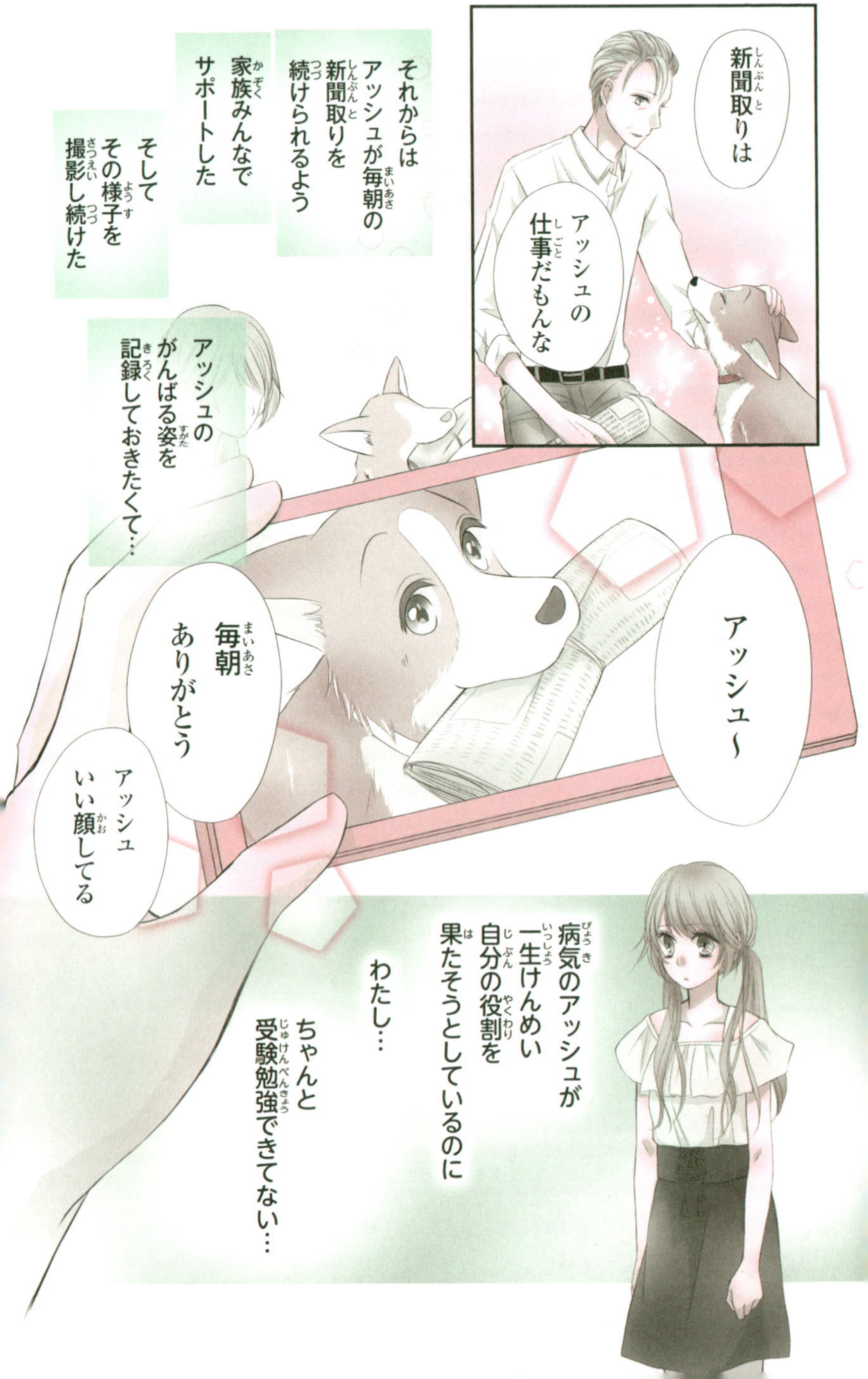
新聞取《しんぶんと》りは
アッシュの仕事《しごと》だもんな
それからはアッシュが毎朝《まいあさ》の新聞取《しんぶんと》りを続《つづ》けられるよう
家族《かぞく》みんなでサポートした
そしてその様子《ようす》を撮影《さつえい》し続《つづ》けた
アッシュのがんばる姿《すがた》を記録《きろく》しておきたくて…
アッシュ〜
毎朝《まいあさ》ありがとう
アッシュいい顔《かお》してる
病気《びょうき》のアッシュが一生《いっしょう》けんめい自分《じぶん》の役割《やくわり》を果《は》たそうとしているのに
わたし…
ちゃんと受験勉強《じゅけんべんきょう》できてない…

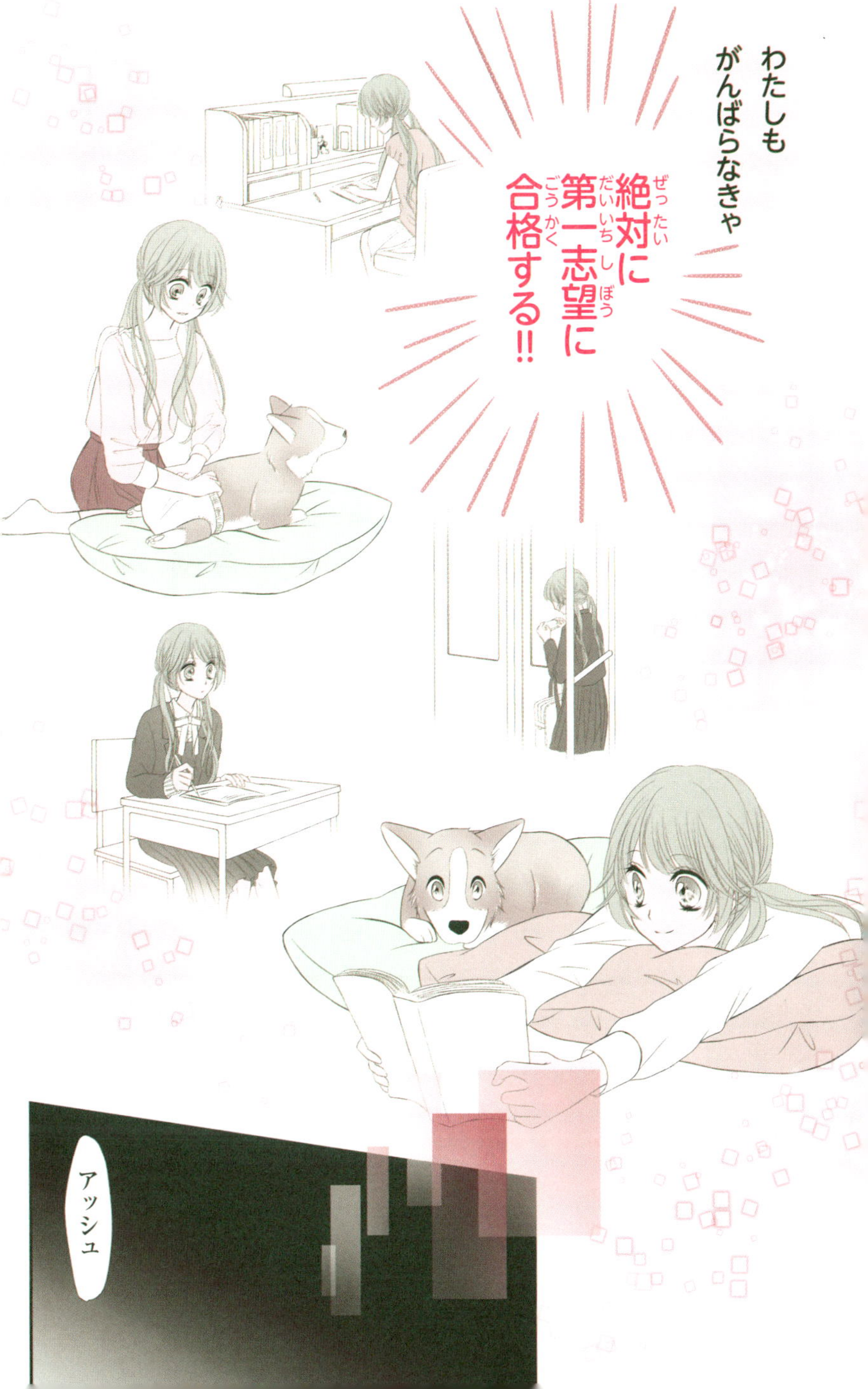
わたしも
がんばらなきゃ
絶対《ぜったい》に第一志望《だいいちしぼう》に合格《ごうかく》する!!
アッシュ

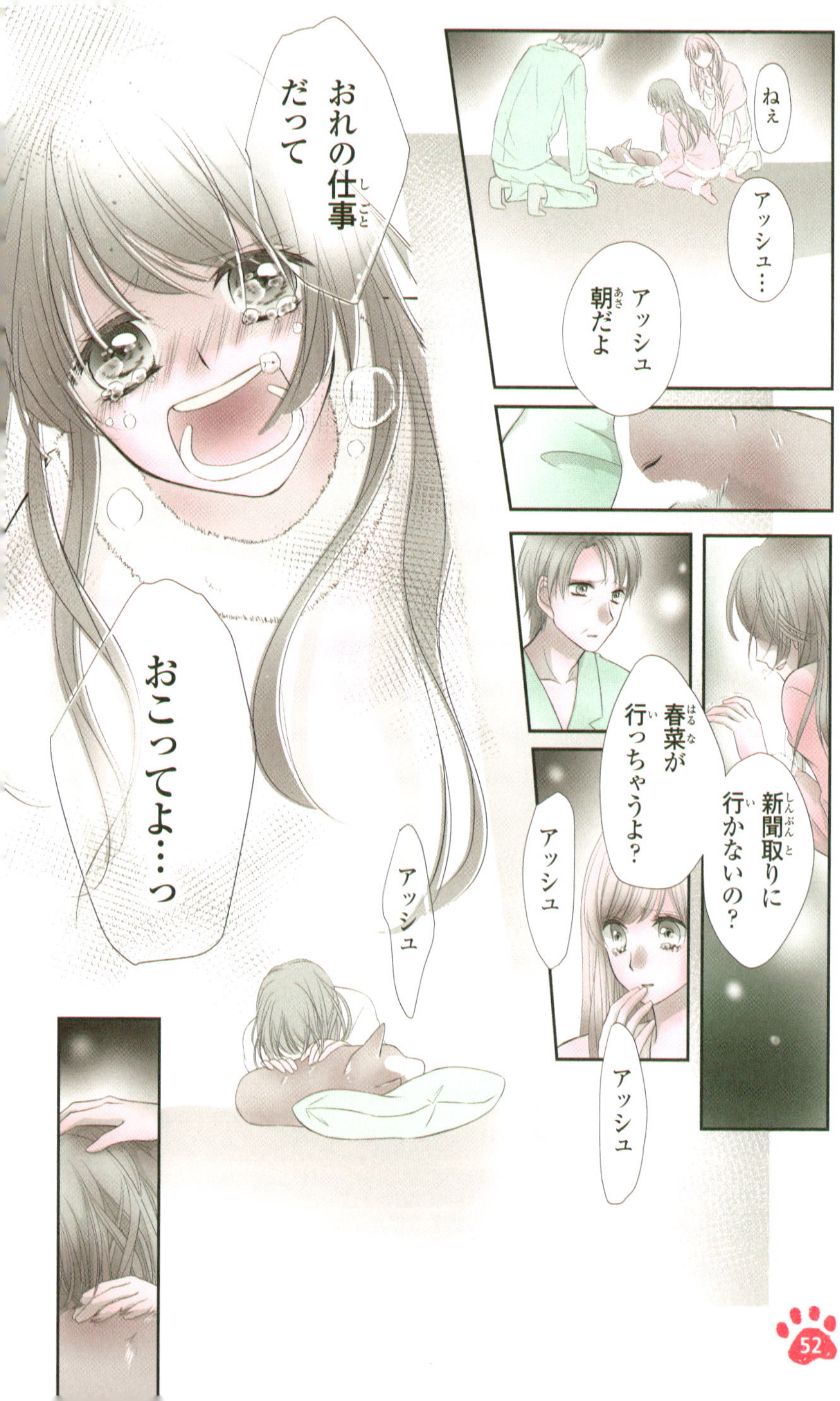
ねえ
アッシュ…
アッシュ 朝《あさ》だよ
新聞取《しんぶんと》りに行《い》かないの?
春菜《はるな》が行《い》っちゃうよ?
アッシュ
アッシュ
アッシュ
おれの仕事《しごと》だって
おこってよ…っ

アッシュは最期《さいご》まで精一杯《せいいっぱい》生《い》きた
お父《とう》さんはアッシュをほこりに思《おも》うよ
…うん
アッシュ
がんばったね

合格者番号一覧

アッシュ
わたし合格《ごうかく》できたよ
これからもずっと
アッシュ…ありがとう
アッシュのがんばる姿《すがた》がわたしを支《ささ》えてくれる

知《し》っていた？

日本人《にほんじん》と犬《いぬ》の歴史《れきし》

犬《いぬ》は古《ふる》くから日本人《にほんじん》の生活《せいかつ》に深《ふか》く関《かか》わってきました。
時代《じだい》ごとに犬《いぬ》と日本人《にほんじん》との歴史《れきし》を見《み》てみましょう。

歴史《れきし》 その1 狩《か》りを助《たす》けた縄文犬《じょうもんけん》

日本人《にほんじん》と犬《いぬ》は、今《いま》から7000年以《ねんい》上前《じょうまえ》の縄文時代《じょうもんじだい》には一緒《いっしょ》に暮《く》らしていたと考《かんが》えられているよ。縄文時代《じょうもんじだい》の人《ひと》が狩《か》りをするのを助《たす》けていたんだ。ずいぶん昔《むかし》から、犬《いぬ》とは身近《みぢか》な関係《かんけい》だったんだね。

歴史《れきし》 その2 犬《いぬ》にたくした安産《あんざん》の願《ねが》い

500年《ねん》くらい前《まえ》の室町時代《むろまちじだい》には、位《くらい》の高《たか》い人《ひと》たちの間《あいだ》で、子《こ》どもが生《う》まれるときに、犬《いぬ》の形《かたち》をした張《は》り子《こ》のおもちゃをお守《まも》りにする風習《ふうしゅう》が生《う》まれたよ。犬《いぬ》は安産《あんざん》で子《こ》だくさんだから、それにあやかったんだね。

歴史《れきし》 その3 ヨーロッパの大型犬《おおがたけん》を飼《か》った大名《だいみょう》

430年《ねん》くらい前《まえ》の安土桃山時代《あづちももやまじだい》になると、日本《にほん》に来《き》たポルトガル人《ひと》が、西洋《せいよう》の大型犬《おおがたけん》を連《つ》れて来《き》たんだ。見《み》たこともない大《おお》きな犬《いぬ》に日本人《にほんじん》はびっくり。それから武士《ぶし》たちの間《あいだ》で、西洋《せいよう》の大型犬《おおがたけん》を飼《か》う人《ひと》が増《ふ》えたんだよ。武士同士《ぶしどうし》で、犬《いぬ》をおくり合《あ》ったりもしたんだ。

歴史《れきし》 その4 犬《いぬ》が大好《だいす》きだった江戸《えど》の将軍《しょうぐん》

330年《ねん》くらい前《まえ》、江戸時代《えどじだい》の5代《だい》将軍徳川綱吉《しょうぐんとくがわつなよし》は、のら犬《いぬ》などが人《ひと》にいじめられないように、「生類憐《しょうるいあわれ》みの令《れい》」という決《き》まりを作《つく》って、犬《いぬ》を殺《ころ》すことを禁《きん》じたよ。綱吉《つなよし》は犬《いぬ》が大《だい》好《す》きで「犬公方《いぬくぼう》」と呼《よ》ばれていたんだ。とても広《ひろ》い犬屋敷《いぬやしき》を作《つく》り、犬《いぬ》を8万《まん》頭《とう》も保護《ほご》して、大切《たいせつ》にしたよ。

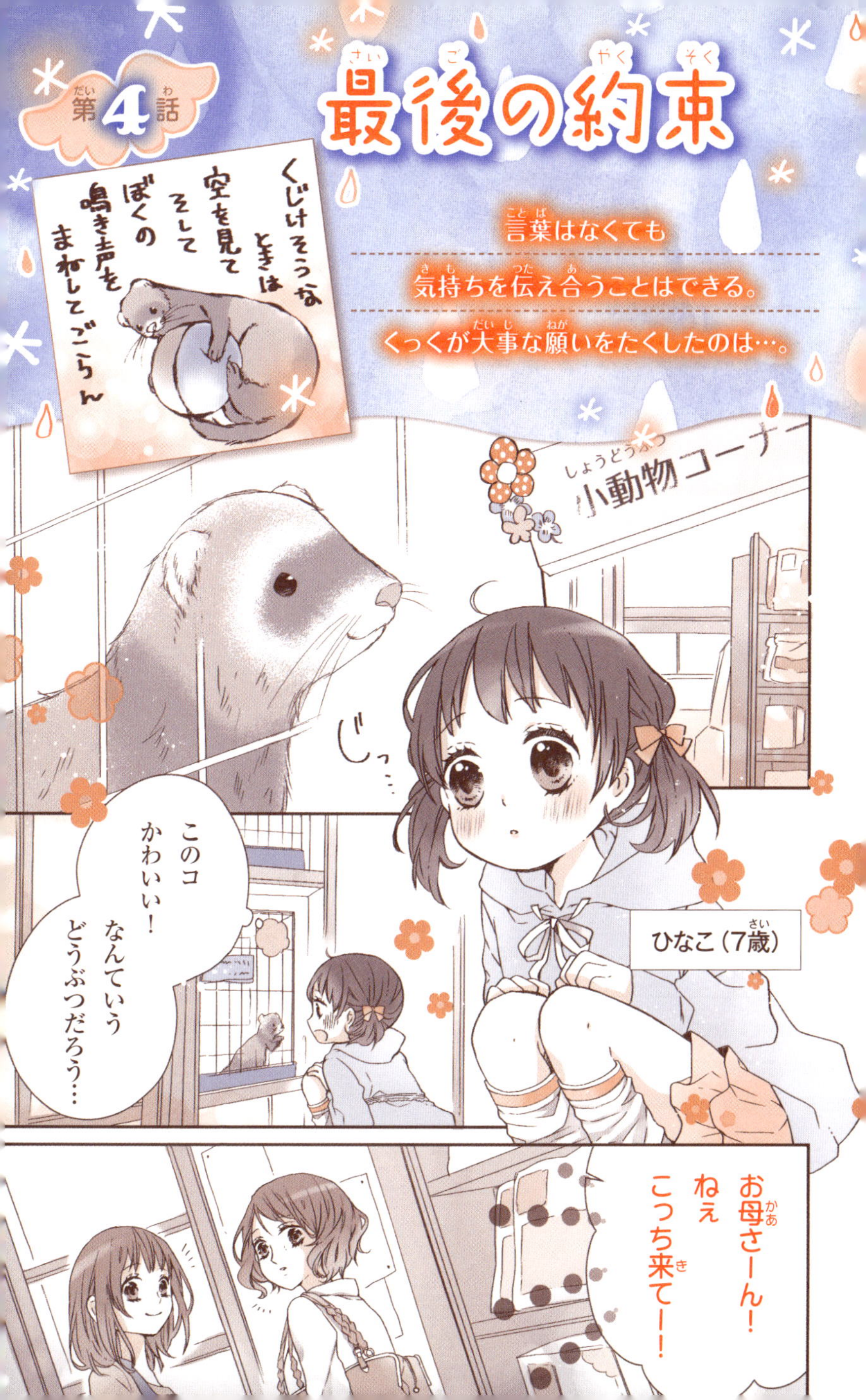
第《だい》4話《わ》
最後《さいご》の約束《やくそく》
くじけそうなときは空を見てそしてぼくの鳴き声をまねしてごらん
言葉《ことば》はなくても
気持《きも》ちを伝《つた》え合《あ》うことはできる。
くっくが大事《だいじ》な願《ねが》いをたくしたのは…。
小動物《しょうどうぶつ》コーナー
じっ…
このコ かわいいい！
なんていう どうぶつだろう…
ひなこ（7歳《さい》）
お母《かあ》さーん！ ねえ こっち来《き》てー！！

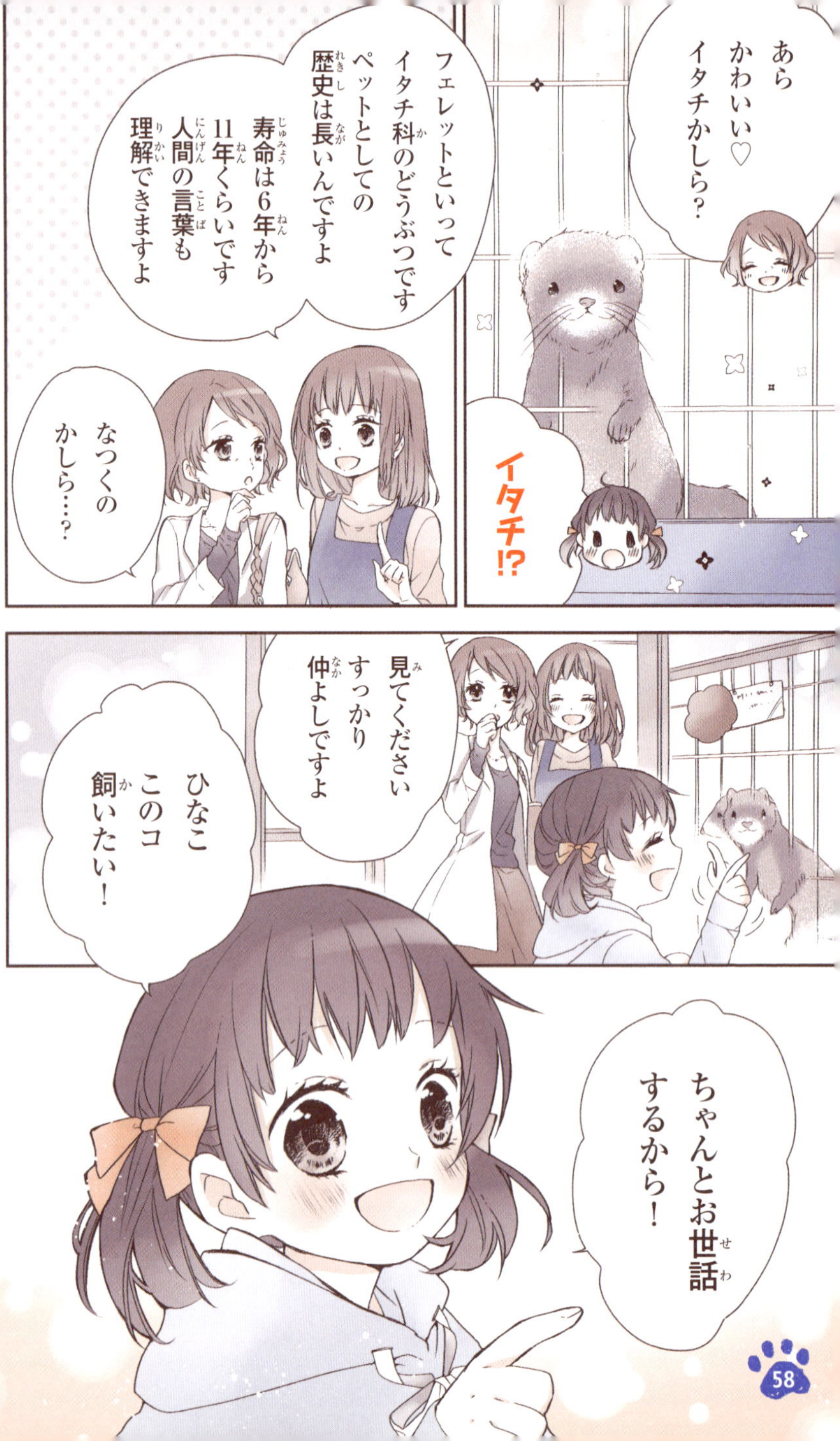
あら かわいい♡ イタチかしら？
イタチ!?
フェレットといって イタチ科《か》のどうぶつです ペットとしての歴史《れきし》は長《なが》いんですよ 寿命《じゅみょう》は6年《ねん》から11年《ねん》くらいです 人間《にんげん》の言葉《ことば》も理解《りかい》できますよ
なつくのかしら…？
見《み》てください すっかり仲《なか》よしですよ
ひなこ このコ飼《か》いたい！
ちゃんとお世話《せわ》するから！

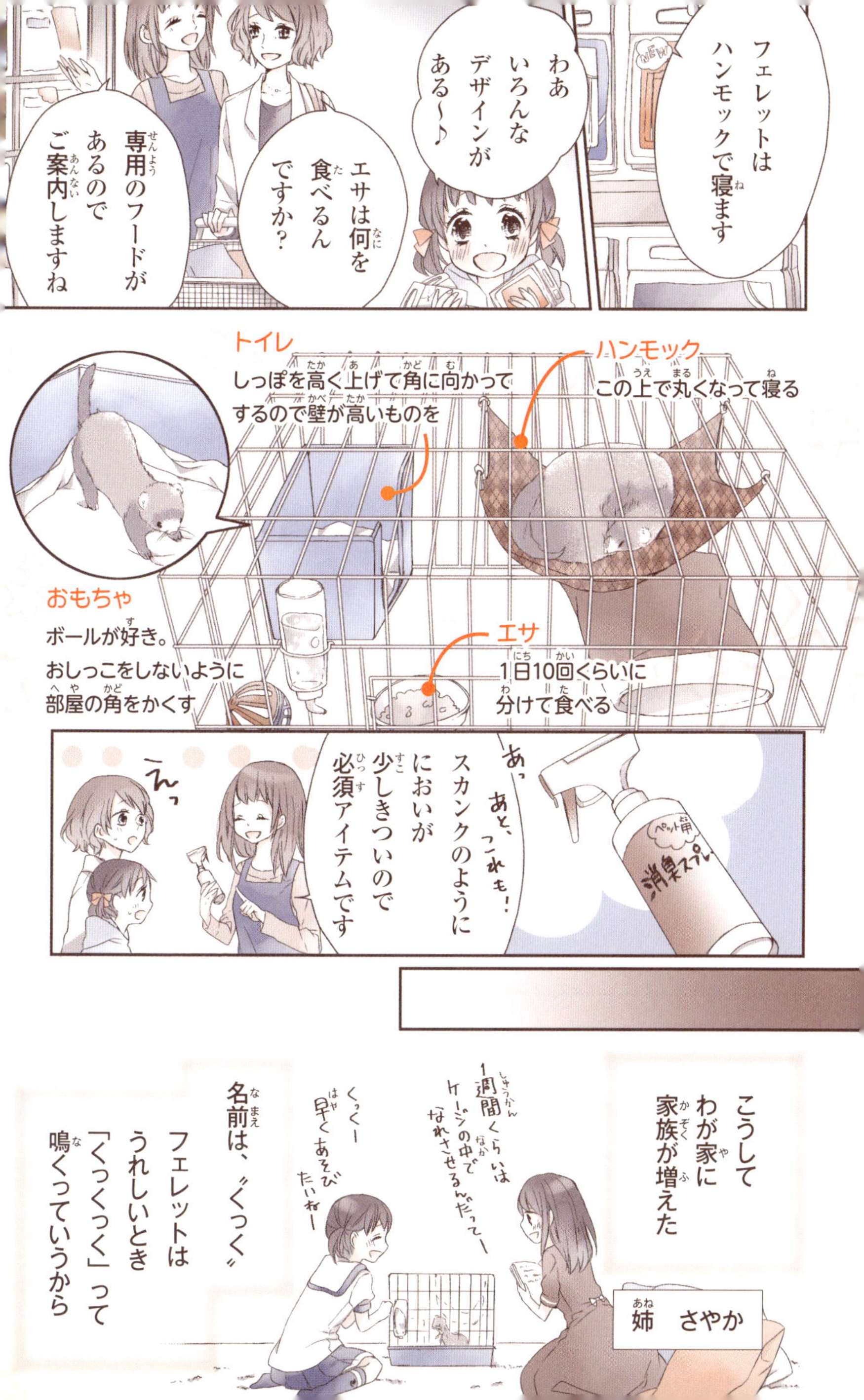

フェレットはハンモックで寝《ね》ます
わあ いろんなデザインがある〜♪
エサは何《なに》を食《た》べるんですか？
専用《せんよう》のフードがあるのでご案内《あんない》しますね
トイレ
しっぽを高《たか》く上《あ》げて角《かど》に向《む》かってするので壁《かべ》が高《たか》いものを
ハンモック
この上《うえ》で丸《まる》くなって寝《ね》る
おもちゃ
ボールが好《す》き。おしっこをしないように部屋《へや》の角《かど》をかくす
エサ
1日《にち》10回《かい》くらいに分《わ》けて食《た》べる
あっ
あと、コレも！
スカンクのようににおいが少《すこ》しきついので必須《ひっす》アイテムです
ペット用 消臭スプレー
えっ
こうしてわが家《や》に家族《かぞく》が増《ふ》えた
1週間《しゅうかん》くらいはケージの中《なか》でなれさせるんだって〜
くっくー早《はや》くあそびたいねー
名前《なまえ》は、“くっく”
フェレットはうれしいとき「くっくっく」って鳴《な》くっていうから
姉《あね》　さやか

くっくが来《き》て1週間《しゅうかん》――
がじ
がじ
おかあさーん くっくがケージから 出《で》たいってー
そろそろ いいわよ～
やったー! ほらくっく お散歩《さんぽ》だよー
くっ くっ
くっ
!
くっくが鳴《な》いた!! うれしいんだね! 〃くっく記念日《きねんび》〃だ
ぎゅ～っ
わたしにも だっこさせてー
まだだめー 今《いま》だっこした ばっかりだもん

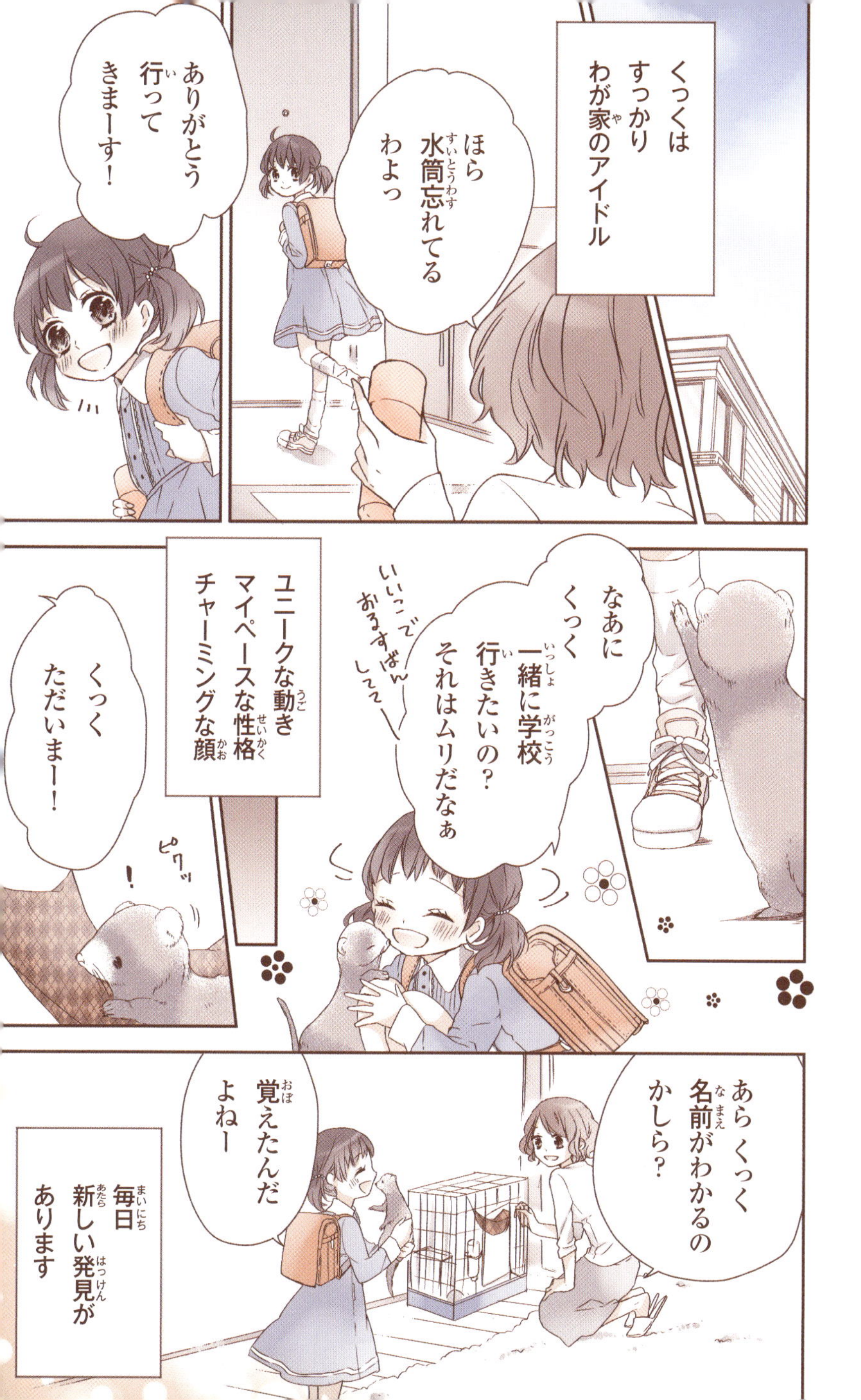

くっくはすっかりわが家《や》のアイドル
ほら水筒《すいとう》忘《わす》れてるわよっ
ありがとう行《い》ってきまーす！
なあにくっく一緒《いっしょ》に学校《がっこう》行《い》きたいの？それはムリだなぁ
いいこでおるすばんしてて
ユニークな動《うご》き マイペースな性格《せいかく》 チャーミングな顔《かお》
くっくただいまー！
ピクッ
あら くっく 名前《なまえ》がわかるのかしら？
覚《おぼ》えたんだよねー
毎日《まいにち》新《あたら》しい発見《はっけん》があります

ほんとくっくは
かわいいなあ
ずーっとずっと
一緒《いっしょ》だよ
それから
数年《すうねん》――
ただいまー
ひな
おかえり！
ほら
見《み》て！
え⁉
犬《いぬ》⁉

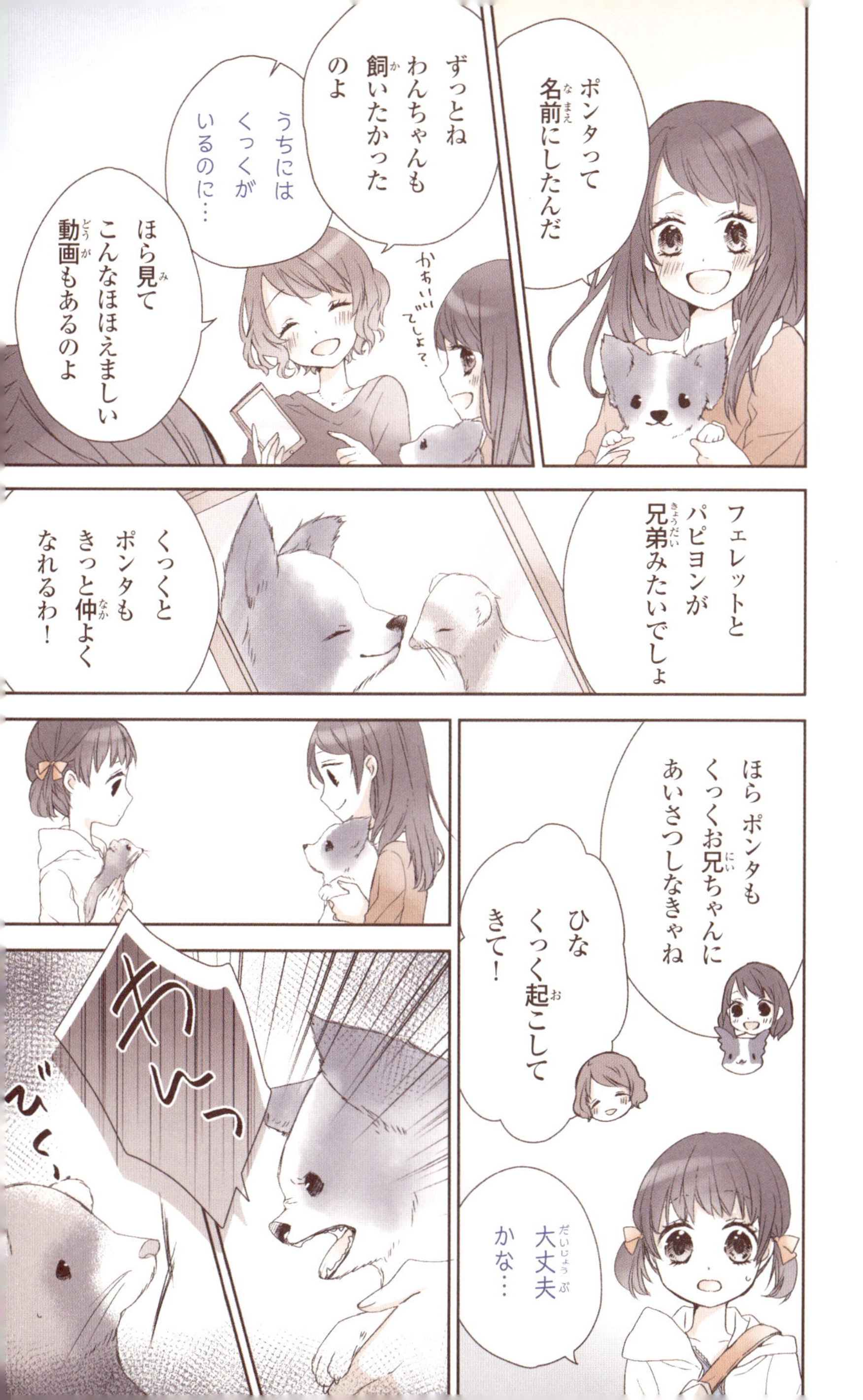
ポンタって
名前《なまえ》にしたんだ
ずっとね
わんちゃんも
飼《か》いたかった
のよ
かわいい!! でしょて、
うちには
くっくが
いるのに…
ほら見《み》て
こんなほほえましい
動画《どうが》もあるのよ
フェレットと
パピヨンが
兄弟《きょうだい》みたいでしょ
くっくと
ポンタも
きっと仲《なか》よく
なれるわ！
ほら ポンタも
くっくお兄《にい》ちゃんに
あいさつしなきゃね
ひな
くっく起《お》こして
きて！
大丈夫《だいじょうぶ》
かな…
わんっ
びくっ

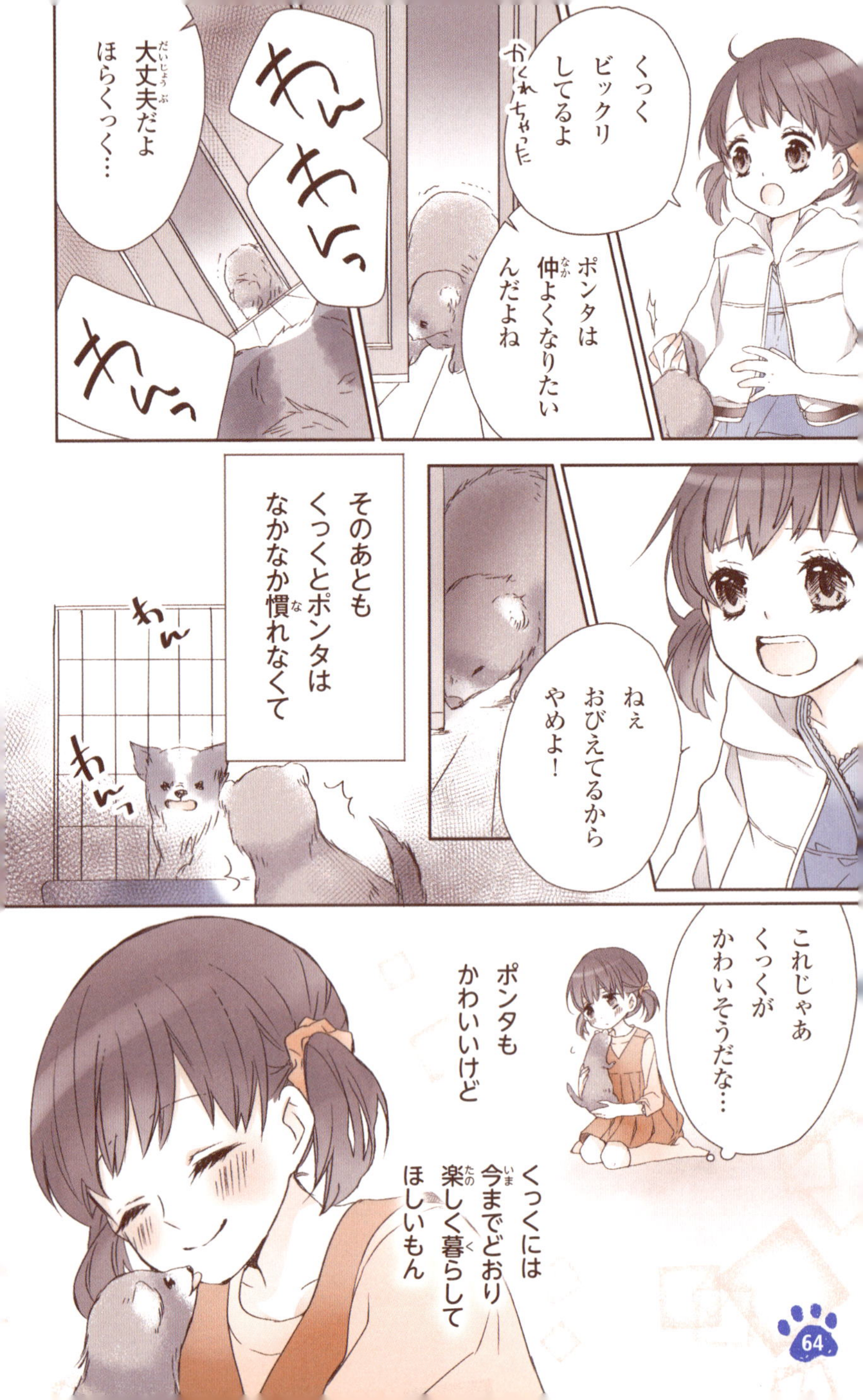
くっく ビックリ してるよ
かくれちゃった
ポンタは 仲《なか》よくなりたい んだよね
わんわんっ
わんっ
大丈夫《だいじょうぶ》だよ ほらくっく…
ねぇ おびえてるから やめよ!
そのあとも くっくとポンタは なかなか慣《な》れなくて
わん
わんっ
これじゃあ くっくが かわいそうだな…
ポンタも かわいいけど
くっくには 今《いま》までどおり 楽《たの》しく暮《く》らして ほしいもん

家族会議《かぞくかいぎ》をひらき
わが家《や》では2匹《ひき》が
顔《かお》を合《あ》わせないように
生活《せいかつ》の空間《くうかん》を
分《わ》けることに
これでくっくも
ポンタも
のびのび暮《く》らせる
ようになりました
やったよ！
お母《かあ》さーん！
うちの吹奏楽部《すいそうがくぶ》
全国大会《ぜんこくたいかい》に出場《しゅつじょう》が
決《き》まったよ！
ガチャ
ひなこ（15歳《さい》）
中学《ちゅうがく》になるとわたしは
部活《ぶかつ》でいそがしく
くっくのお世話《せわ》は
お母《かあ》さんに
まかせっきりでした

お母《かあ》さん?
どうしたの?
ひな…くっくね
このところごはんをあまり
食《た》べなかったから
今日《きょう》病院《びょういん》に連《つ》れて行《い》ったの
えっ?
そうしたらね
病気《びょうき》だって…
もうおじいさんだから
手術《しゅじゅつ》もできないって…
くっくの変化《へんか》に
気《き》づかなかった…
うそ…
それからくっくは
あっというまに弱《よわ》って
ほとんど動《うご》けなくなった
わたしは
できるだけくっくと
過《す》ごせる時間《じかん》をつくった
くっく、
ただいま~
今日《きょう》、
部活《ぶかつ》でね―

くっくが病気《びょうき》になって
1か月《げつ》がたったころ
塾《じゅく》に行《い》っているわたしに
お母《かあ》さんから1枚《まい》の写真《しゃしん》が
送《おく》られて来《き》た
ざわ
ざわ
えっ
なにこれ…
お母さん
何か話してるみたいよね
なんで？

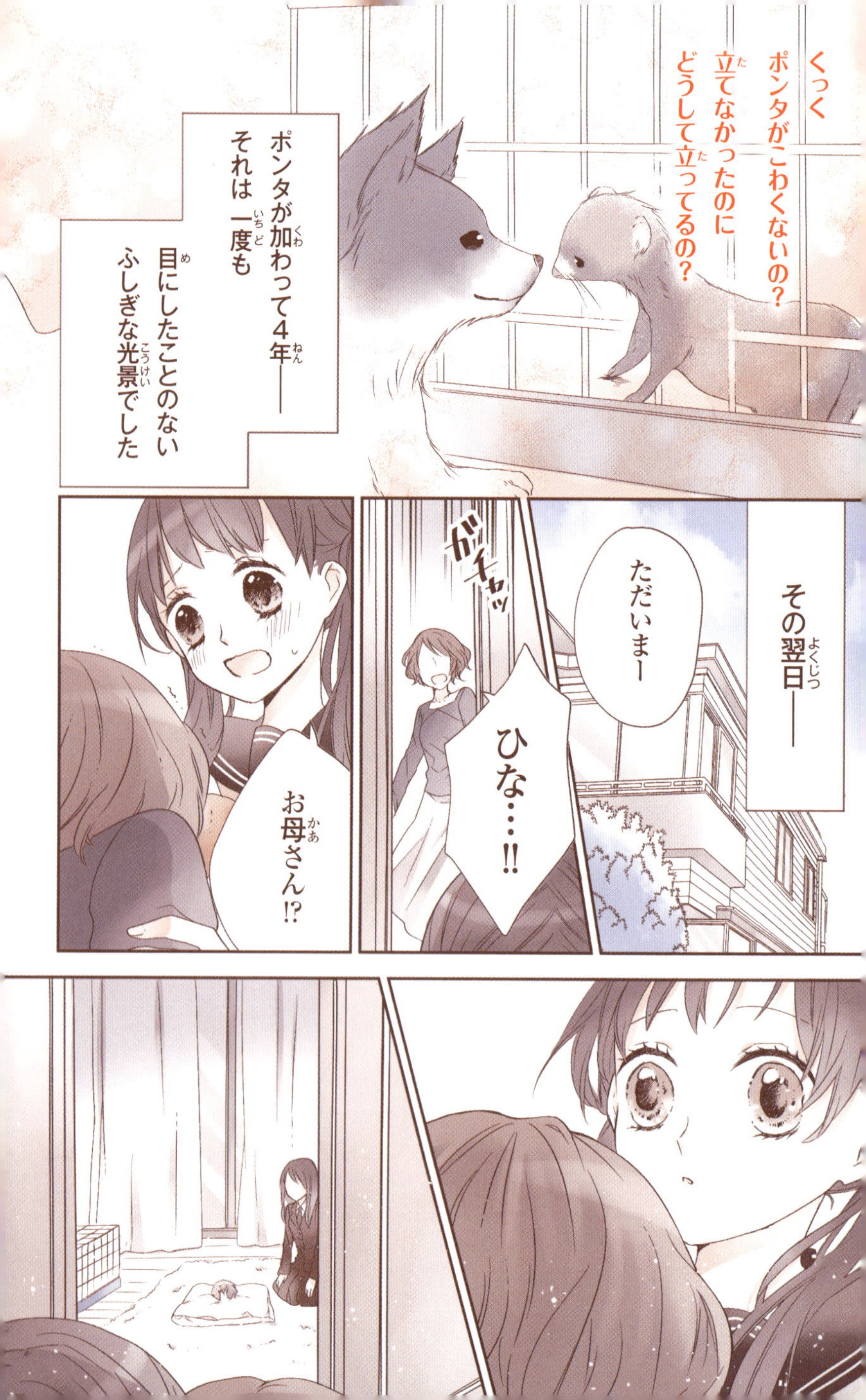
くっく
ポンタがこわくないの?
立《た》てなかったのに
どうして立《た》ってるの?
ポンタが加《くわ》わって4年《ねん》——
それは 一度《いちど》も
目《め》にしたことのない
ふしぎな光景《こうけい》でした
その翌日《よくじつ》——
ただいまー
ガチャッ
ひな…!!
お母《かあ》さん!?

くっく!!
ねえ
くっく
ポンタが散歩《さんぽ》に連《つ》れて行《い》ってーってものすごく吠《ほ》えて…
くっくから目《め》がはなせなくなって最近夕方《さいきんゆうがた》の散歩《さんぽ》に行《い》けてなかったから
少《すこ》しだけ…って10分《ぷん》くらい散歩《さんぽ》に出《で》たの
そしたらその間《あいだ》に…
くっく…

サヨナラはやだよ…
くっく…
ずっと一緒《いっしょ》って約束《やくそく》したじゃん…

わたしね 思《おも》ったの
ポンタは くっくにたのまれて お母《かあ》さんを散歩《さんぽ》に 連《つ》れ出《だ》したのかもって
昨日《きのう》の写真《しゃしん》… わたしたちのこと たのんだよって 話《はな》してたのかもしれない…
どうぶつ同士《どうし》だけでわかる 言葉《ことば》があるのかな
くっくは自分《じぶん》の 運命《うんめい》をわかって いたのかな

いってきまーす
ほーら
ポンタついて
来《こ》ないの
なんだか
くっくみたい
くっくは
天国《てんごく》からわたしたちを
見守《みまも》ってくれている
そう感《かん》じます
だからもう泣《な》かないよ
くっく
今《いま》までありがとう

第《だい》5話《わ》

和菓子屋《わがしや》のチビ

うちの和菓子屋《わがしや》にはネコがいる。
キミがそばにいてくれるから
ぼくはさびしくない。

しゃきっ☆
父《とう》さん 全身《ぜんしん》コロコロ完了《かんりょう》!
仕込《しこ》み 行《い》ってくるぞ
ありがとう 悟史《さとし》
みんな このコを飼《か》うためのルールです!
チビ もう こっち来《き》ていいよ
にゃしん
小学《しょうがく》4年生《ねんせい》のころ 友《とも》だちの家《いえ》で生《う》まれたネコを ぼくが連《つ》れて帰《かえ》ると…
うちはダメよ 食《た》べ物屋《ものや》なんだから
やっぱり ダメか…

かわいいな〜
見《み》てみろ キレイな ヒゲだ！
お父《とう》さん！
大丈夫《だいじょうぶ》！ オレの手《て》で店《みせ》も ネコも守《まも》ってやる！
ぼくも ネコのお世話《せわ》 ちゃんとする！
くさっ！
こうしてチビが わが家《や》の一員《いちいん》になり 父《とう》さんが 朝《あさ》のルールを 作《つく》りました

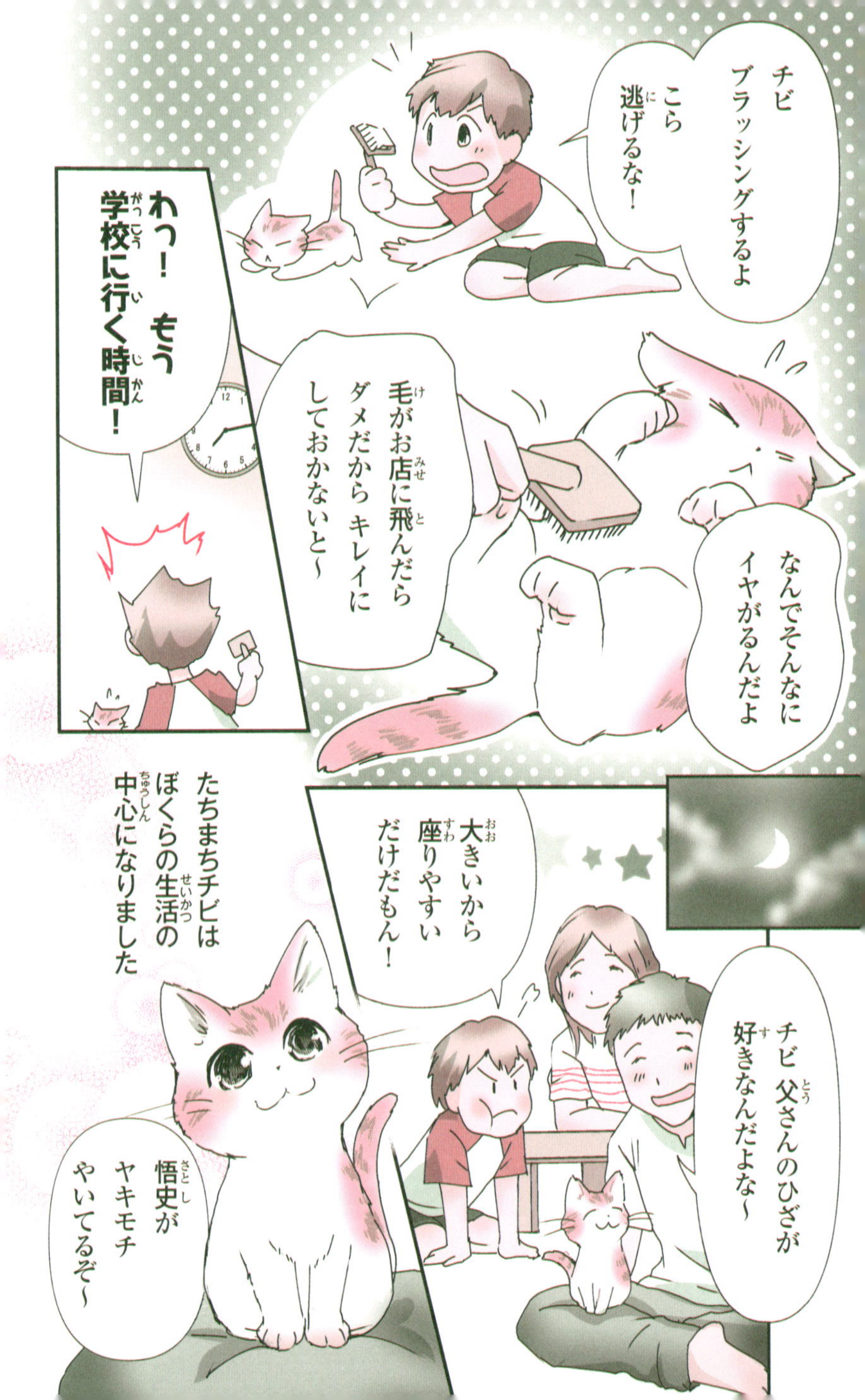
チビ ブラッシングするよ
こら 逃《に》げるな！
なんでそんなに イヤがるんだよ
毛《け》がお店《みせ》に飛《と》んだら ダメだから キレイに しておかないと～
わっ！ もう 学校《がっこう》に行《い》く時間《じかん》！
チビ 父《とう》さんのひざが 好《す》きなんだよな～
大《おお》きいから 座《すわ》りやすい だけだもん！
たちまちチビは ぼくらの生活《せいかつ》の 中心《ちゅうしん》になりました
悟史《さとし》が ヤキモチ やいてるぞ～

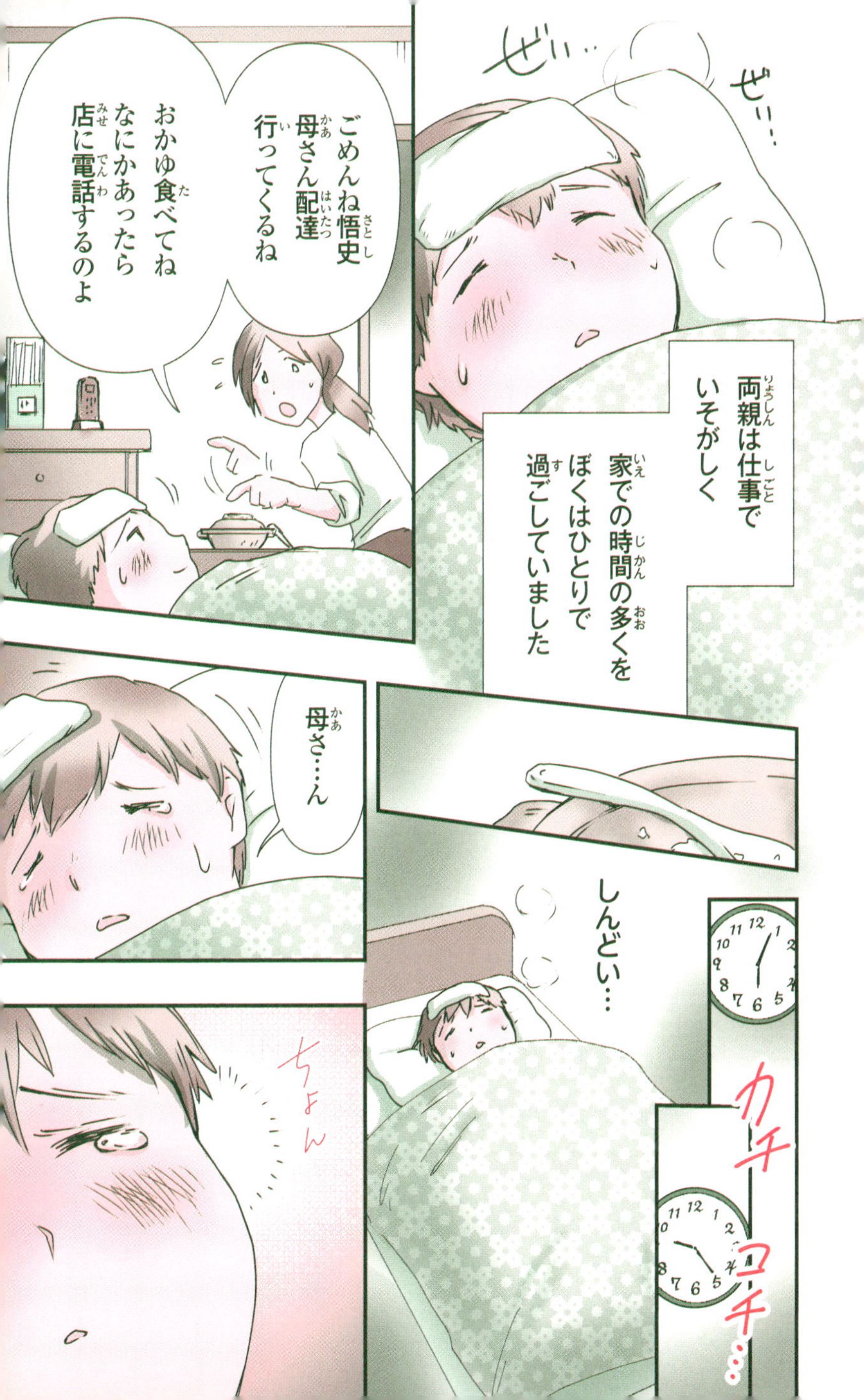
ぜい…
ぜい…
両親《りょうしん》は仕事《しごと》で いそがしく
家《いえ》での時間《じかん》の多《おお》くを ぼくはひとりで過《す》ごしていました
ごめんね悟史《さとし》 母《かあ》さん配達《はいたつ》 行《い》ってくるね
おかゆ食《た》べてね なにかあったら 店《みせ》に電話《でんわ》するのよ
しんどい…
カチ
コチ…
母《かあ》さ…ん
ちょん

チビ…
ゴロゴロ…
すり…
ありがとう…
チビがいるから
さびしくないよ
チビはちびだけど
とっても大《おお》きな存在《そんざい》

ある日《ひ》の学校帰《がっこうがえ》り
あら
新作《しんさく》のお茶菓子《ちゃがし》きれいねぇ
ただいまー
これに耳《みみ》をつけたらトラネコになるね
チビみたい!
まあ かわいい アイデア
さすがお店《みせ》のあとつぎねぇ センスあるわぁ
ありがとうございます
あとつぎ?

チビ！ 図書館《としょかん》で
いい本《ほん》見《み》つけたよ
ネコの上手なお手入れ
まずは手《て》で
体《からだ》や顔《かお》のまわりを
なでて
ネコが気持《きも》ちいい
ところを
チェックする…と
ゴロ…
やわらかい
ゴムブラシで
毛《け》の流《なが》れにそって
ゆっくり やさしく…
ゴロゴロ…
チビ
気持《きも》ちいい？

チビが喜《よろこ》ぶのがうれしくて ぼくはブラッシングの うでをみがきました
悟史《さとし》くーん 遊《あそ》ぼー
チビちゃん 毛《け》がツヤツヤ！ 犬猫《いぬねこ》の美容室《びようしつ》 行《い》ってるの？
ううん ぼくが やってるんだ！
ブラッシングには コツがあるんだよ 手《て》でマッサージして リラックスさせて
ブラシはやさしく…

悟史《さとし》くん すごーい! トリマーさんになれるね!
なに言《い》ってんだよ 悟史《さとし》は 和菓子屋《わがしや》を つぐんだろ?
あ、そうか
チビ… ぼくは 和菓子職人《わがししょくにん》に なるのかな…?
そして時《とき》は過《す》ぎて 高校《こうこう》2年《ねん》——
第《だい》1回《かい》 進路希望調査《しんろきぼうちょうさ》 しまーす

悟史《さとし》は いいよなぁ
迷《まよ》わず「和菓子屋《わがしや》をつぐ」って 書《か》けばいいもんな
オレは… 自由《じゆう》に仕事《しごと》を選《えら》べる みんながうらやましいよ
悟史《さとし》ー! 砂糖袋《さとうぶくろ》運《はこ》ぶの 手伝《てつだ》ってー!
はっ
第1回 進路希望調査
2年A組 田中 悟史
第一希望 トリマー専門学校
第二希望
第三希望
今行《いまい》くー

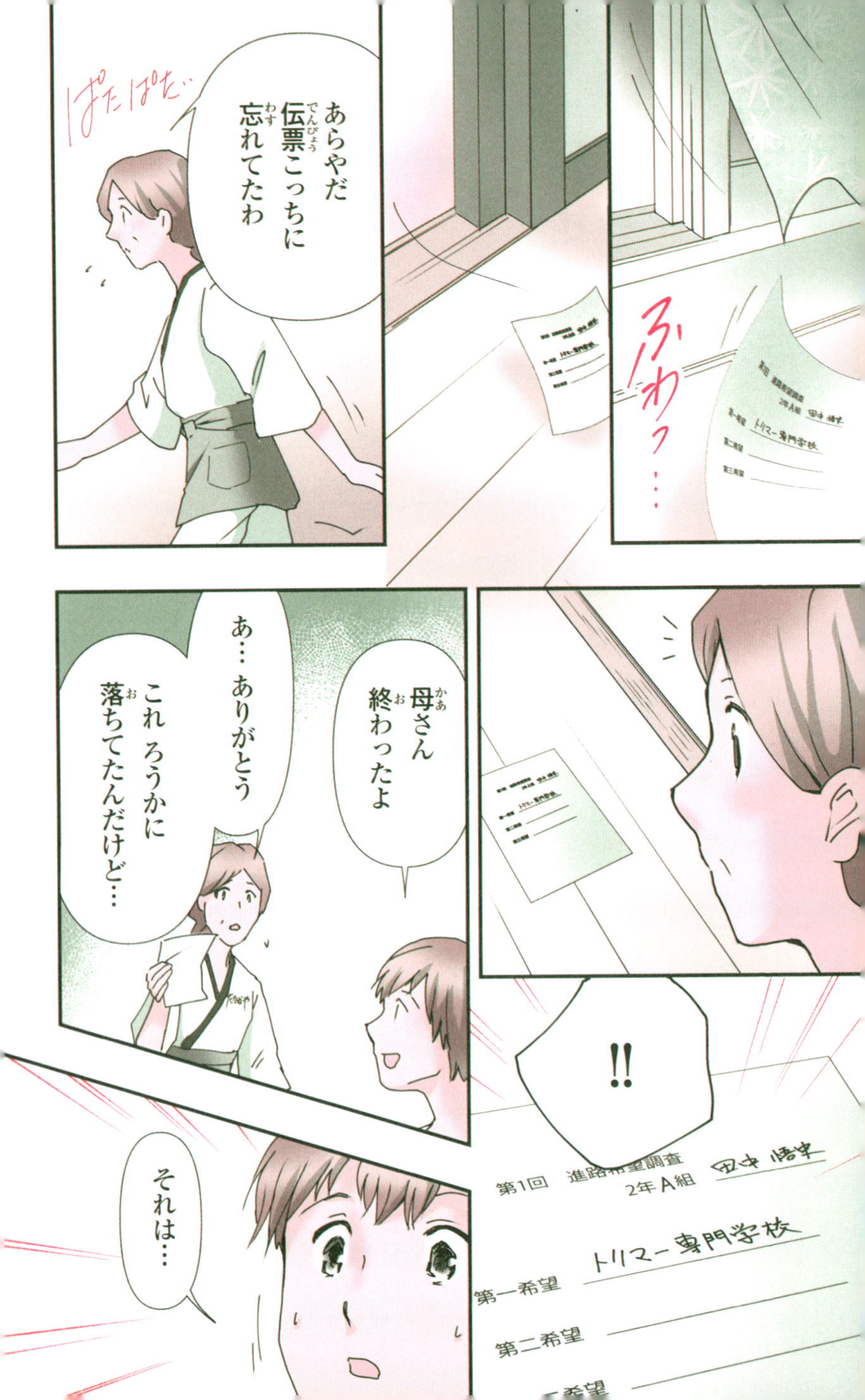
ふわっ…
ぱたぱた…
あらやだ 伝票《でんぴょう》こっちに 忘《わす》れてたわ
母《かあ》さん 終《お》わったよ
あ… ありがとう これ ろうかに 落《お》ちてたんだけど…
!!
第1回 進路希望調査
2年A組
第一希望 トリマー専門学校
第二希望
それは…

トリマーの専門学校行《せんもんがっこうい》きたいって本気《ほんき》なの？
なに!? 聞《き》いてないぞ！
この店《みせ》はだれがつぐの？
たなかやがつぶれてもいいのか？
…オレ
オレがいつ店《みせ》をつぐって言《い》ったんだよ！
ばん！

息子《むすこ》だからって
勝手《かって》に決《き》めて…
オレの気持《きも》ち
一度《いちど》も聞《き》いてくれたこと
ないくせに！
はっ
にゃ〜ん…
ダッ!!
悟史《さとし》！
すり…

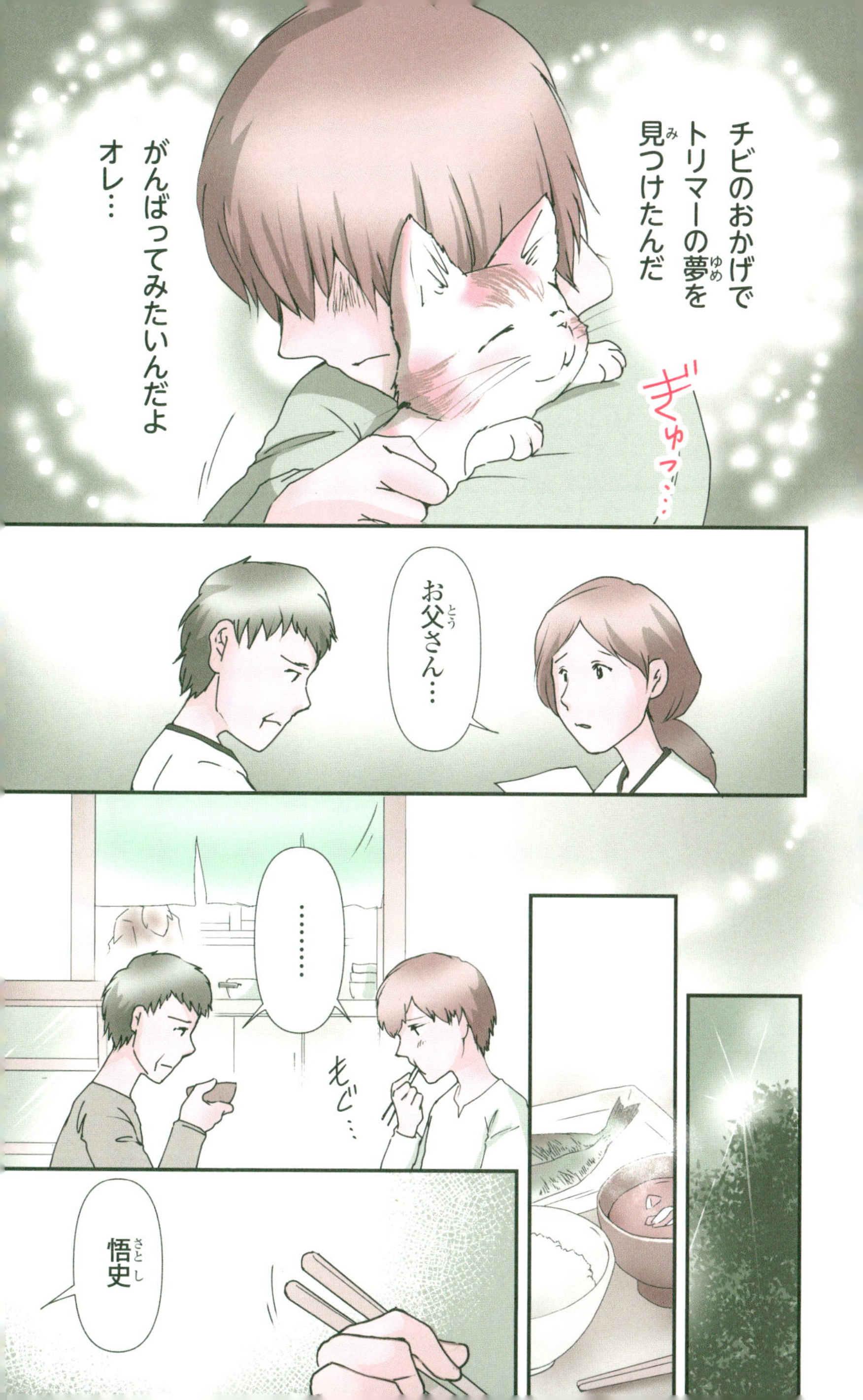
チビのおかげで
トリマーの夢《ゆめ》を
見《み》つけたんだ
がんばってみたいんだよ
オレ…
ぎゅっ…
お父《とう》さん…
………
もぐ…
悟史《さとし》

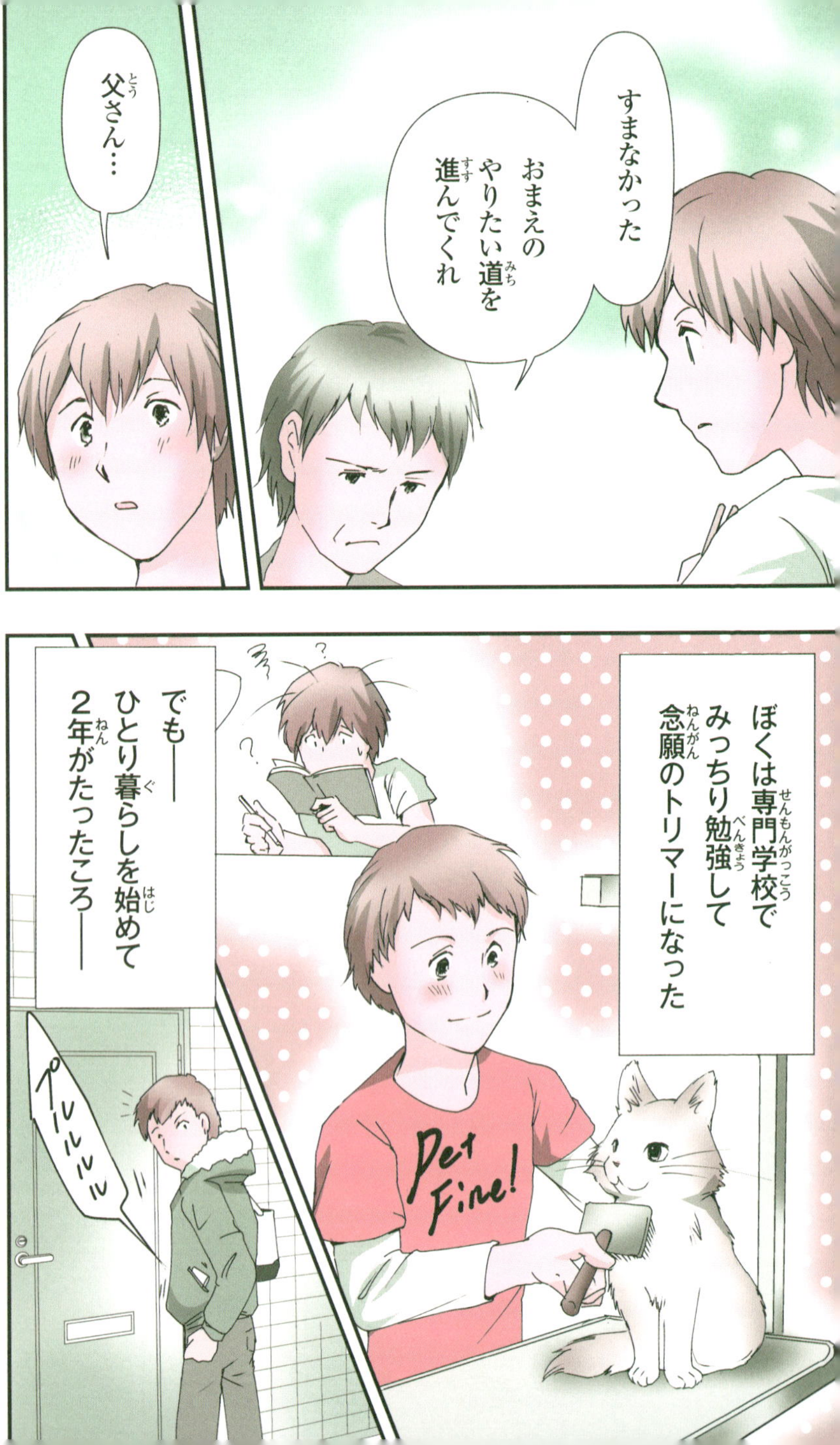
すまなかった
おまえの やりたい道《みち》を 進《すす》んでくれ
父《とう》さん…
ぼくは専門学校《せんもんがっこう》で みっちり勉強《べんきょう》して 念願《ねんがん》のトリマーになった
Pet Fine!
でも—— ひとり暮《ぐ》らしを始《はじ》めて 2年《ねん》がたったころ——
プルルルルル

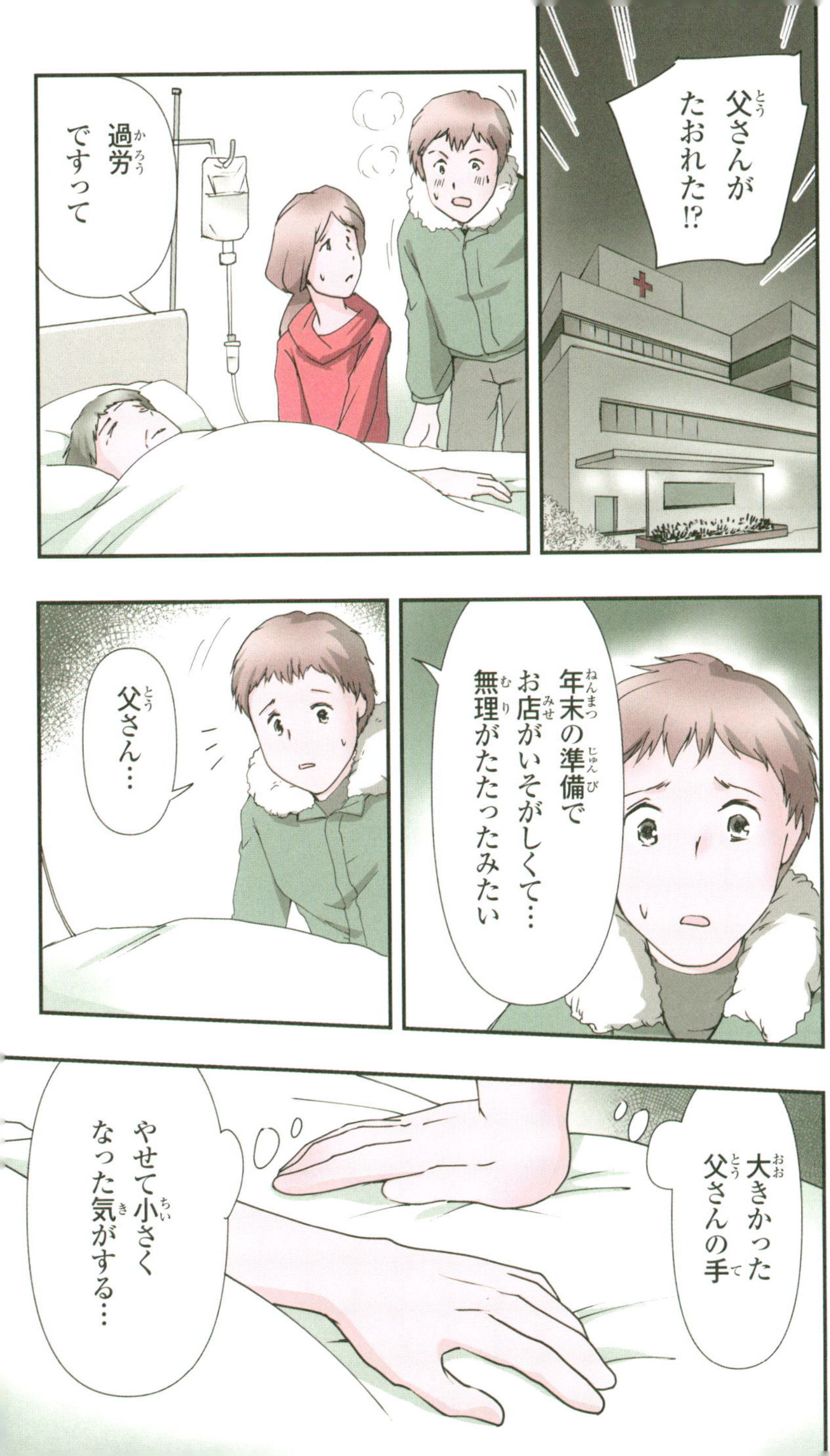
父《とう》さんがたおれた!?
過労《かろう》ですって
年末《ねんまつ》の準備《じゅんび》でお店《みせ》がいそがしくて…無理《むり》がたたったみたい
父《とう》さん…
大《おお》きかった父《とう》さんの手《て》
やせて小《ちい》さくなった気《き》がする…

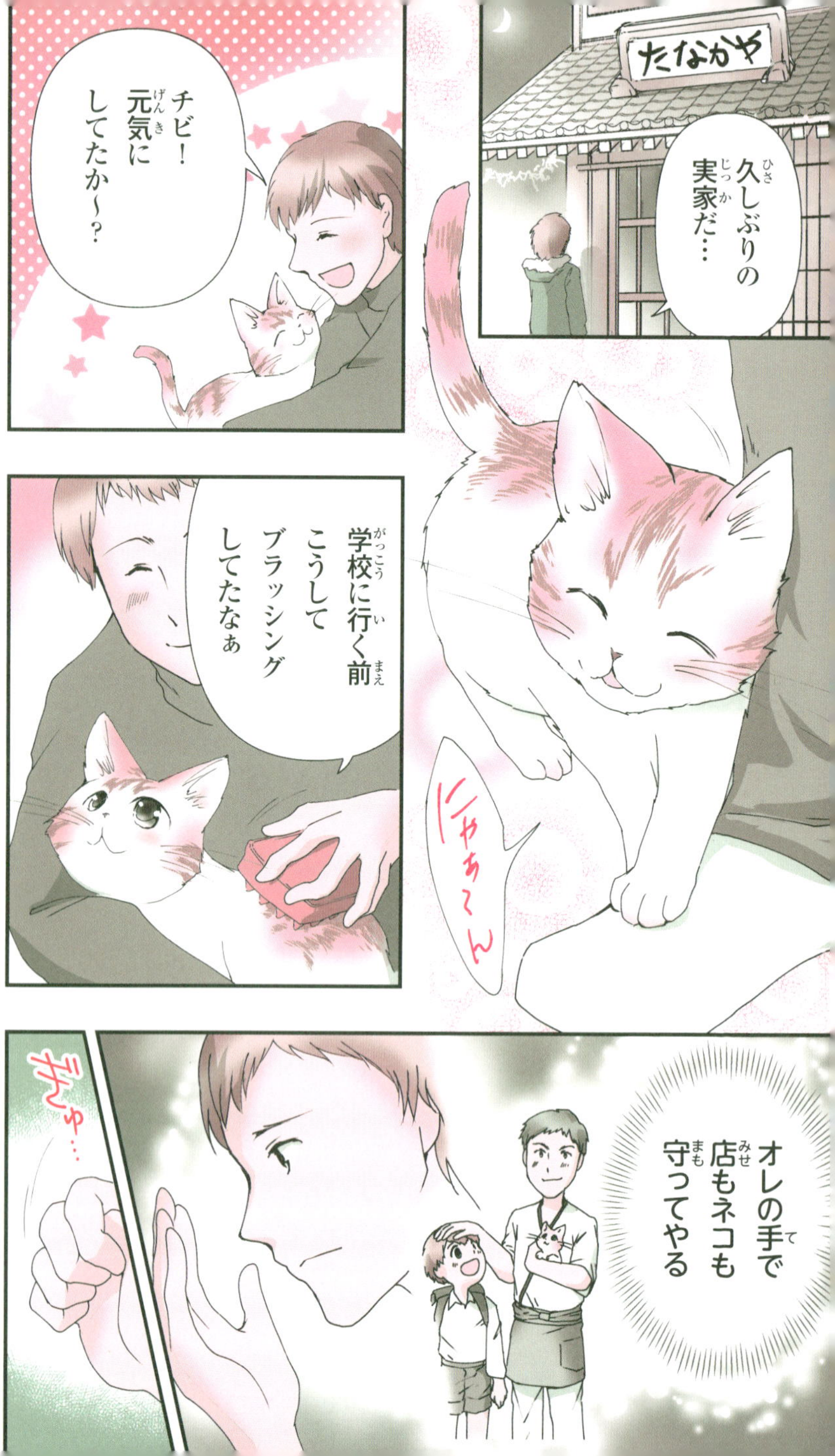
たなかや
久《ひさ》しぶりの実家《じっか》だ…
チビ！元気《げんき》にしてたか〜？
にゃあ〜ん
学校《がっこう》に行《い》く前《まえ》こうしてブラッシングしてたなぁ
オレの手《て》で店《みせ》もネコも守《まも》ってやる
ぎゅ…

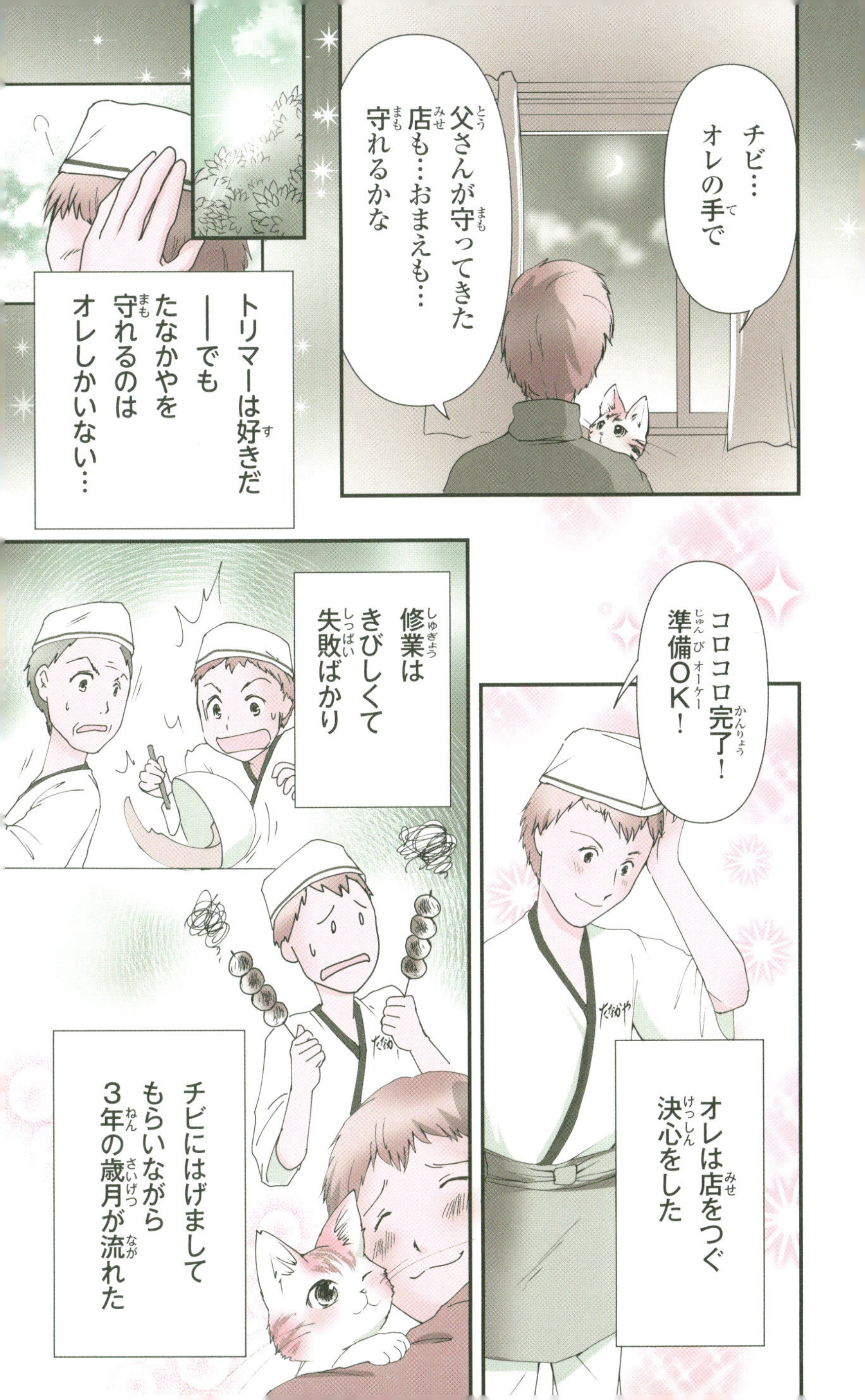
チビ…オレの手《て》で
父《とう》さんが守《まも》ってきた店《みせ》も…おまえも…守《まも》れるかな
トリマーは好《す》きだ ──でも たなかやを守《まも》れるのはオレしかいない…
コロコロ完了《かんりょう》！ 準備《じゅんび》ＯＫ《オーケー》！
オレは店《みせ》をつぐ決心《けっしん》をした
修業《しゅぎょう》はきびしくて失敗《しっぱい》ばかり
チビにはげましてもらいながら3年《ねん》の歳月《さいげつ》が流《なが》れた

母《かあ》さん チビの様子《ようす》どう？
今日《きょう》もずっと寝《ね》てるわ
ちびはすっかりじいちゃんになり歯《は》がぬけてごはんがあまり食《た》べられずかなり弱《よわ》っていました
チビ 好物《こうぶつ》のささみのペーストだよ
少《すこ》しでいいから食《た》べておくれ
くん…
ペロ…
そうそう えらいぞ チビ
それからわずか数日後《すうじつご》——

あー今日《きょう》も
つかれた…
よた…
よた…
チビ！
歩《ある》けるのか⁉
よろ…
チビ…がんばったな
マッサージしてあげるよ
ゴロ…
ゴロゴロゴロ…
ゴロ…

チビ…？
目《め》をあけてチビ！
最後《さいご》の力《ちから》でオレのひざにきてくれたんだ…
つらいときも迷《まよ》うときも
チビがそばにいてくれたからのりこえられたよ…

チョキン…
形見《かたみ》に
ヒゲをもらうよ
コレ
新商品《しんしょうひん》?
和菓子
たなかや
はい!
チビまる
まんじゅうです
かわいいわね
5個《こ》ちょうだい
わしも
孫《まご》に3つ
ありがとう
ございます!
たなかやは
チビに見守《みまも》られ
今日《きょう》も繁盛《はんじょう》しています

大《おお》きい？　小《ちい》さい？

どうぶつの赤《あか》ちゃん

生《う》まれたばかりのどうぶつの赤《あか》ちゃんは、その大《おお》きさもいろいろ。小《ちい》さくても大《おお》きくても、みんな一生《いっしょう》けんめい生《い》きている、大切《たいせつ》な大切《たいせつ》な命《いのち》だよ。

＼てのひらにのるくらい／

ジャイアントパンダ

赤《あか》ちゃん 生《う》まれたては体重《たいじゅう》が100グラムほど。白黒模様《しろくろもよう》になり始《はじ》めるのは生後《せいご》1～2週間後《しゅうかんご》。

大人《おとな》 体重《たいじゅう》は約《やく》100キロ、体長《たいちょう》は1.2～1.7メートルくらいに育《そだ》つよ。

＼お相撲《すもう》さんひとりくらいの重《おも》さ／

アフリカゾウ

赤《あか》ちゃん 生《う》まれたてでも体重《たいじゅう》が120キロくらいもあるよ。地面《じめん》から背《せ》中《なか》までの高《たか》さは1メートルくらい。

大人《おとな》 体《からだ》の高《たか》さが3～4メートル、体重《たいじゅう》は7トン以上《いじょう》にもなるよ。

＼世界一《せかいいち》背《せ》が高《たか》い赤《あか》ちゃん／

アミメキリン

赤《あか》ちゃん 地面《じめん》についた足《あし》から頭《あたま》の先《さき》までの長《なが》さは約《やく》1.8メートル、体重《たいじゅう》は60キロくらいある。

大人《おとな》 頭《あたま》の先《さき》までは6メートル近《ちか》く、体重《たいじゅう》は1.5トンまで育《そだ》つこともあるよ。

＼とっても小《ちい》さな赤《あか》ちゃん／

ウォンバット

赤《あか》ちゃん 体長《たいちょう》約《やく》1センチ、体重《たいじゅう》は0.5グラムくらいしかない超未熟児《ちょうみじゅくじ》。生《う》まれてすぐに、お母《かあ》さんのおしりにある袋《ふくろ》に入《はい》るよ。

大人《おとな》 体長《たいちょう》は1メートル前後《ぜんご》になるよ。

＼たくさん生《う》まれるよ！／

ゴールデンハムスター

赤《あか》ちゃん 一度《いちど》に17匹《ひき》も生《う》まれることがあるよ。生《う》まれたばかりの体重《たいじゅう》は5グラムほど。成長《せいちょう》が早《はや》く、4日《か》で2倍《ばい》くらいになるんだ。

大人《おとな》 18センチくらいで、体重《たいじゅう》は85～150グラムくらいだよ。

＼小《ちい》さくても針《はり》がある！／

ハリネズミ

赤《あか》ちゃん 生《う》まれたときは人《ひと》の大人《おとな》の指先《ゆびさき》ほどの大《おお》きさで、体重《たいじゅう》は約《やく》10グラム。針《はり》が生《は》えているけど、白《しろ》くてやわらかいよ。

大人《おとな》 体長《たいちょう》は23～32センチ、体重《たいじゅう》は0.8～1.5キロくらいになるよ。

第《だい》6話《わ》

天《てん》使《し》になったウリ

ぼくを
見つけてくれて
ありがとう
生まれ変わったら
また
キミの元へ

ある日《ひ》、出会《であ》った小《ちい》さな天使《てんし》は

わたしにたくさんの幸《しあわ》せをくれた。

ウリ、ずっと一緒《いっしょ》だよ…。

カフェ『エンジェル』は
保護《ほご》ネコカフェです
かわいいねー！
OPEN
CAFE
エンジェル

捨《す》てられていたり
飼《か》い主《ぬし》さんの事情《じじょう》で
飼《か》えなくなったりしたネコを
カフェのネコスタッフとして迎《むか》え
里親《さとおや》さんを探《さが》しています
今《いま》、日本《にほん》では
年間《ねんかん》9万匹《まんびき》のネコが保護《ほご》され
そのうち6万《まん》7千《せん》2百匹《ひゃっぴき》のネコが
殺処分《さつしょぶん》されています
そんな不幸《ふこう》なネコを
1匹《いっぴき》でも減《へ》らしたくて、
こうして活動《かつどう》しているのです

～里親《さとおや》になるまで～
1 カフェで保護《ほご》ネコとふれ合《あ》う
2 里親《さとおや》を希望《きぼう》する
3 一緒《いっしょ》に暮《く》らしてみる
4 正式譲渡《せいしきじょうと》
カラン…
OPEN
CAFE
いらっしゃいませ！
カフェのオーナー
青山麗子《あおやまれいこ》

初《はじ》めてなんですが…
どうぞ！
わ〜！
パアッ
かわいい赤《あか》ちゃん！
ありがとう このコは「ウリエル」っていうの よろしくね！
小《ちい》さいけど じつは 大人《おとな》のネコなんだ この店《みせ》のマスターだよ
保護《ほご》ネコカフェを 始《はじ》めたのは このウリエルとの 出会《であ》いがきっかけでした

ある日《ひ》わたしは家《いえ》の近《ちか》くで捨《す》てネコを発見《はっけん》し保護《ほご》しました
かわいそうにこんなに小《ちい》さいネコを捨《す》てるなんて…
ねえ、きみは天使《てんし》みたいにかわいいから
ウリエルって名前《なまえ》はどう？
そういう天使《てんし》がいるんだよ！気《き》に入《い》ってくれた？
ウリエルは一日中《いちにちじゅう》、ほとんど寝《ね》ていました
今日《きょう》からよろしくねウリくん！
子《こ》ネコを飼《か》うのが初《はじ》めてだったわたしは
子《こ》ネコとはそういうものだろうと気《き》にとめていませんでした

でもウリと出会《であ》って
2か月後《げつご》——
え!?
2か月前《げつまえ》に生《う》まれた友人《ゆうじん》のネコの写真《しゃしん》を見《み》て
その体格《たいかく》のちがいにおどろき不安《ふあん》でたまらなくなりました
そしてすぐに動物病院《どうぶつびょういん》へ連《つ》れて行《い》ったのです——…
動物病院
おそらくですがウリエルくんは「ドワーフキャット」という病気《びょうき》かと
ドワーフ?

「子猫症《こねこしょう》」とも呼《よ》ばれる めずらしい病気《びょうき》で 成長《せいちょう》するための ホルモンが分泌《ぶんぴつ》されず 大《おお》きくなれないんです
大《おお》きくなれないって… ウリエルは 大丈夫《だいじょうぶ》なんでしょうか?
日本《にほん》ではまだ 症例《しょうれい》が少《すく》ないので わからないことも多《おお》いのですが
厳《きび》しい言《い》い方《かた》ですが 今《いま》の段階《だんかい》では 治療法《ちりょうほう》はありません
これからどんな症状《しょうじょう》が 出《で》るかもわかりませんし 長《なが》く生《い》きられない 可能性《かのうせい》もあります
体《からだ》が弱《よわ》く ほかの病気《びょうき》にも かかりやすいといわれています
お世話《せわ》にも 覚悟《かくご》が必要《ひつよう》です

まさか
ウリが病気《びょうき》
だなんて……
でも――……
大丈夫《だいじょうぶ》
ずっと一緒《いっしょ》だよ
前例《ぜんれい》がないなら
わたしたちで
作《つく》っていこう!!
小《ちい》さなウリとの生活《せいかつ》は
いろいろな工夫《くふう》が必要《ひつよう》です
力《ちから》がないので
マッサージして
便《べん》を出《だ》しやすく
してあげたり
フードは
ふやかして
飲《の》みこみやすく
してあげたり
ちゃんと食《た》べられたね!!
えらいよウリ!!
二人三脚《ににんさんきゃく》で
がんばる日々《ひび》――……
ピチャ
ピチャ

大変《たいへん》なこともありますが
それ以上《いじょう》に
ウリはわたしに幸《しあわ》せを
あたえてくれます
かわいいよウリ～
ウリ～ 羽《はね》だよ～
やっぱり似合《にあ》う♡
天使《てんし》みたい！
ウリに出会《であ》えて
本当《ほんとう》によかった
わぁ!! うれしい!!
今度《こんど》
里親《さとおや》の面談《めんだん》
お願《ねが》いします！
ネコちゃん
かわいいねママ！
ウリマスター
またね！

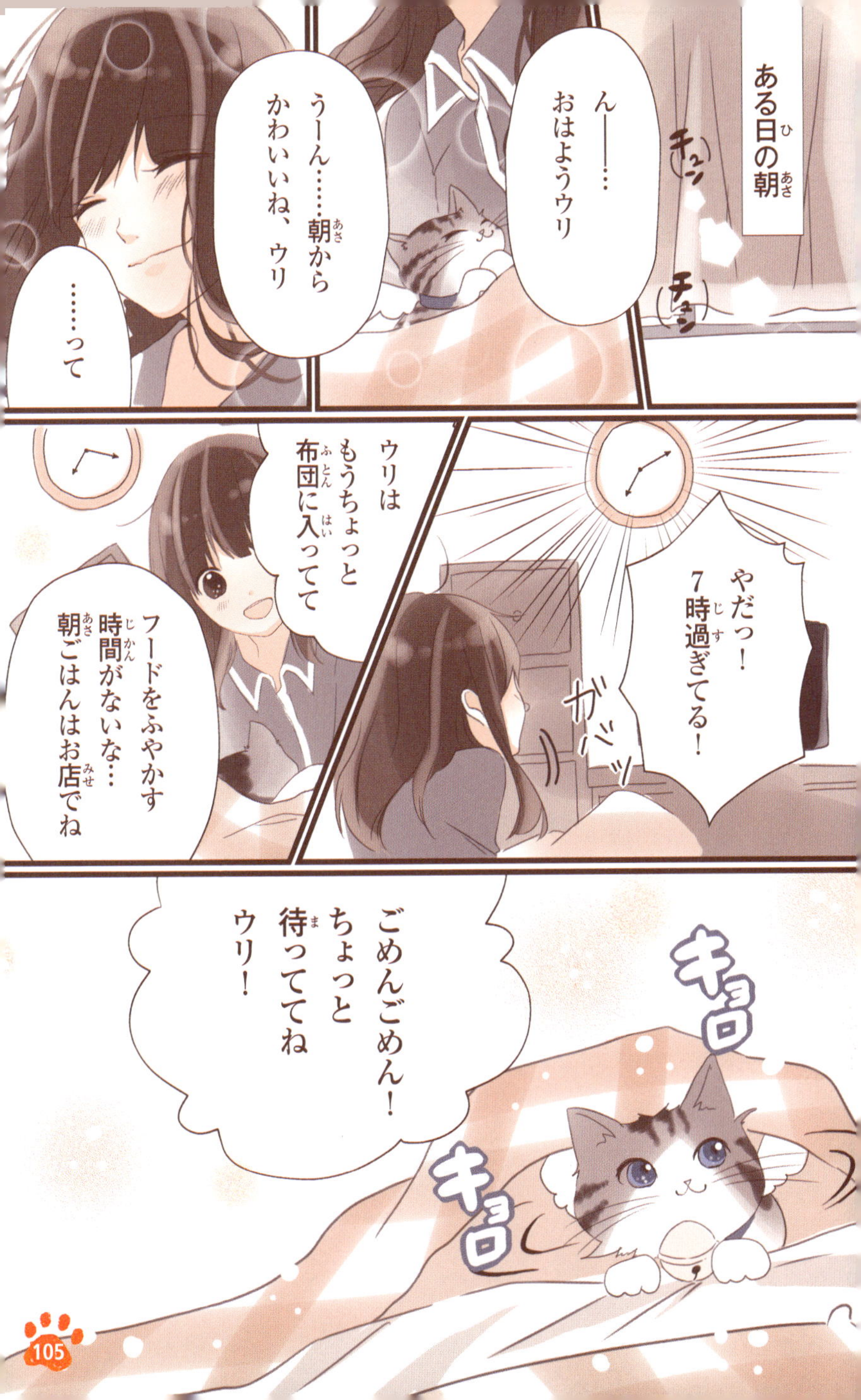
ある日《ひ》の朝《あさ》
チュン
チュン
ん——……
おはようウリ
うーん……朝《あさ》から
かわいいね、ウリ
……って
やだっ！
7時《じ》過《す》ぎてる！
ガバッ
ウリは
もうちょっと
布団《ふとん》に入《はい》ってて
フードをふやかす
時間《じかん》がないな…
朝《あさ》ごはんはお店《みせ》でね
ごめんごめん！
ちょっと
待《ま》っててね
ウリ！
キョロ
キョロ

わたしも 里親《さとおや》に なりたいなー って…
ぜひ お願《ねが》いします!
青山《あおやま》さん!! ちょっと 来《き》てください!
ビクッ
OPEN
CAFE
いらっしゃいませ
え、なに どうかした!?
ダッ
ウリくん いつもと様子《ようす》が ちがう気《き》がして……
ウリーーっ!?
小《ちい》さなウリに 異変《いへん》がおきたのは 突然《とつぜん》のことでした
先生《せんせい》 ウリは……
動物病院
うーん 血液検査《けつえきけんさ》の数値《すうち》に 異常《いじょう》が見《み》られます
そんな…… 先月《せんげつ》の検査《けんさ》では なんの問題《もんだい》も なかったですよね!?

もともとの病気《びょうき》と突発的《とっぱつてき》におきた病気《びょうき》が一緒《いっしょ》に出《で》てきたんだと思《おも》います
先生《せんせい》どうして!? 朝《あさ》はいつもと変《か》わった様子《ようす》はありませんでした!
薬《くすり》もきちんと飲《の》ませました! なのにどうして!?
青山《あおやま》さん落《お》ち着《つ》いてひとまず入院《にゅういん》させましょう
ただいま……
ウリがいない部屋《へや》なんてさびしすぎるよ……
早《はや》く元気《げんき》になってウリ…

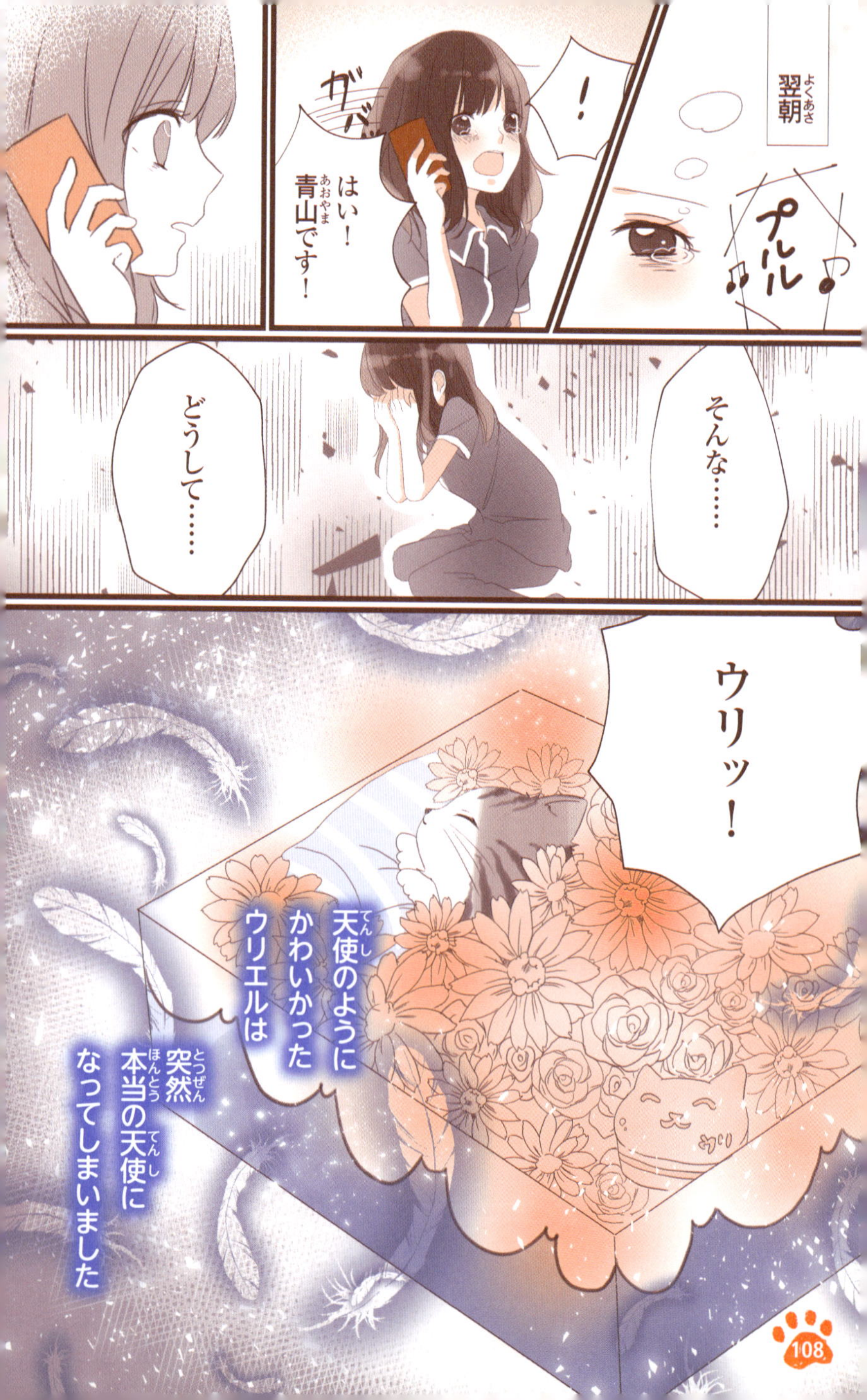
翌朝《よくあさ》
プルル♪
！
ガバ…
はい！青山《あおやま》です！
そんな……
どうして……
ウリッ！
天使《てんし》のようにかわいかったウリエルは
突然《とつぜん》本当《ほんとう》の天使《てんし》になってしまいました

ごめんね…ウリ…
わたしがもっとしっかりしていれば……
ウリ……
旅行先《りょこうさき》で見《み》たサンセットきれいだったね
お店《みせ》で誕生会《たんじょうかい》もしたねみんなにお祝《いわ》いしてもらってごきげんだったよね
ウリエル HAPPY BIRTHDAY!!
クローバー畑《ばたけ》のお散歩《さんぽ》も楽《たの》しかったね
ウリは小《ちい》さいからかんむりがお花《はな》10本《ぽん》で作《つく》れたよ
ウリ……会《あ》いたいよ……
都合《つごう》によりしばらくお休みいたします。
〜CAFE「エンジェル」〜
エンジェル
ごめんねみんな
おなかすいたよね……
ちょっと待《ま》って今《いま》ごはんを……
くるっ

……
これは……
みんながウリにくれた手紙《てがみ》だ……
ウリくんへ
ウリくん、お元気《げんき》ですか?
レオは今日《きょう》も元気《げんき》です。
レオが来《き》てくれたおかげで、
毎日《まいにち》が本当《ほんとう》に楽《たの》しくなりました。
ウリくんとウリくんママのおかげだね。
ありがとう。
ウリくんが、ウリくんママと出会《であ》えて
幸《しあわ》せになったように、レオがわたしと出会《であ》えて
幸《しあわ》せになったと思《おも》ってくれるよう、
一生《いっしょう》けんめいお世話《せわ》しますね。
病気《びょうき》は大変《たいへん》だけど、負《ま》けないでね。
またレオと『エンジェル』に行《い》きますね。
レオママより

ウリエルはわたしの自慢《じまん》のコでした
捨《す》てられてつらい思《おも》いをしたのにけんめいに生《い》きてみんなを幸《しあわ》せにして
わたしは……
ウリにとって自慢《じまん》のママだったかな
ごしっ
保護《ほご》ネコカフェちゃんと続《つづ》けよう

OPEN
CAFE
エンジェル
青山《あおやま》さん これウリくんに！
ありがとう！ ウリもよろこぶよ
ウリエル
ウリは本物《ほんもの》の天使《てんし》だったのかもしれません
麗子《れいこ》さん わたしこのカフェでココと出会《であ》えて本当《ほんとう》に幸《しあわ》せです
ななね いつかネコを飼《か》えるときがきたら里親《さとおや》になるよ
だから保護《ほご》ネコカフェをずっと続《つづ》けてね！
小《ちい》さな小《ちい》さな天使《てんし》は行《い》き場《ば》のないネコたちをたくさん幸《しあわ》せにしてくれました
みなさん本当《ほんとう》にありがとう
ウリと一緒《いっしょ》に作《つく》ったこのカフェを
ウリがいなくなってとてもさびしいけれど
わたしは守《まも》り続《つづ》けていきます

第《だい》7話《わ》 17回目《かいめ》のバースデー
出会いの奇跡に感謝 ずーっとキミとつながっていきよ
番犬《ばんけん》のランちゃんは
とってもくいしんぼう。
キミがいるとわが家《や》はにぎやかだよ！
楽《たの》しかったあ
家《いえ》に着《つ》くまでねてなさい
はーい
ただいまー
ガチャ
やっぱり家《いえ》が落《お》ち着《つ》く…
それは突然《とつぜん》のできごとでした
新田
!?

ど…
ど…
ドロボー!!
けけけ警察《けいさつ》！
家族旅行《かぞくりょこう》から帰《かえ》ると
どろぼうに入《はい》られて
いたのです!!
あたしのアクセサリーあったよ！
あやのは？
ちょ…貯金箱《ちょきんばこ》っ
ばばっ
ばばっ
無事《ぶじ》だぁ
それから警察《けいさつ》が来《き》て捜査《そうさ》は深夜《しんや》まで続《つづ》きました
わたしたち姉妹《しまい》はねむってしまったけれど…

番犬《ばんけん》を飼《か》うぞ！
えーっ
どど〜〜ん
いっ犬《いぬ》ですかお父《とう》さん
そうだ
お父《とう》さんのひと言《こと》で
わが家《や》を守《まも》ってくれる
番犬《ばんけん》を飼《か》うことになり
何犬《なにけん》を飼《か》うか相談《そうだん》していた
ある日《ひ》——
やった〜！
ずっと犬《いぬ》を飼《か》いたいなーって夢《ゆめ》だったの！
くす
アクアショップ

あれっ!?
お父《とう》さん
待《ま》って待《ま》って!
今《いま》の店《みせ》!
お魚《さかな》のケースに
犬《いぬ》がいたよ!
魚《さかな》?
この通《とお》りに
熱帯魚屋《ねったいぎょや》さんは
あるけど…
水《すい》そうに
入《はい》ってた!!
1000
戻《もど》ってみるか
ガタン…
ほら
お父《とう》さん!

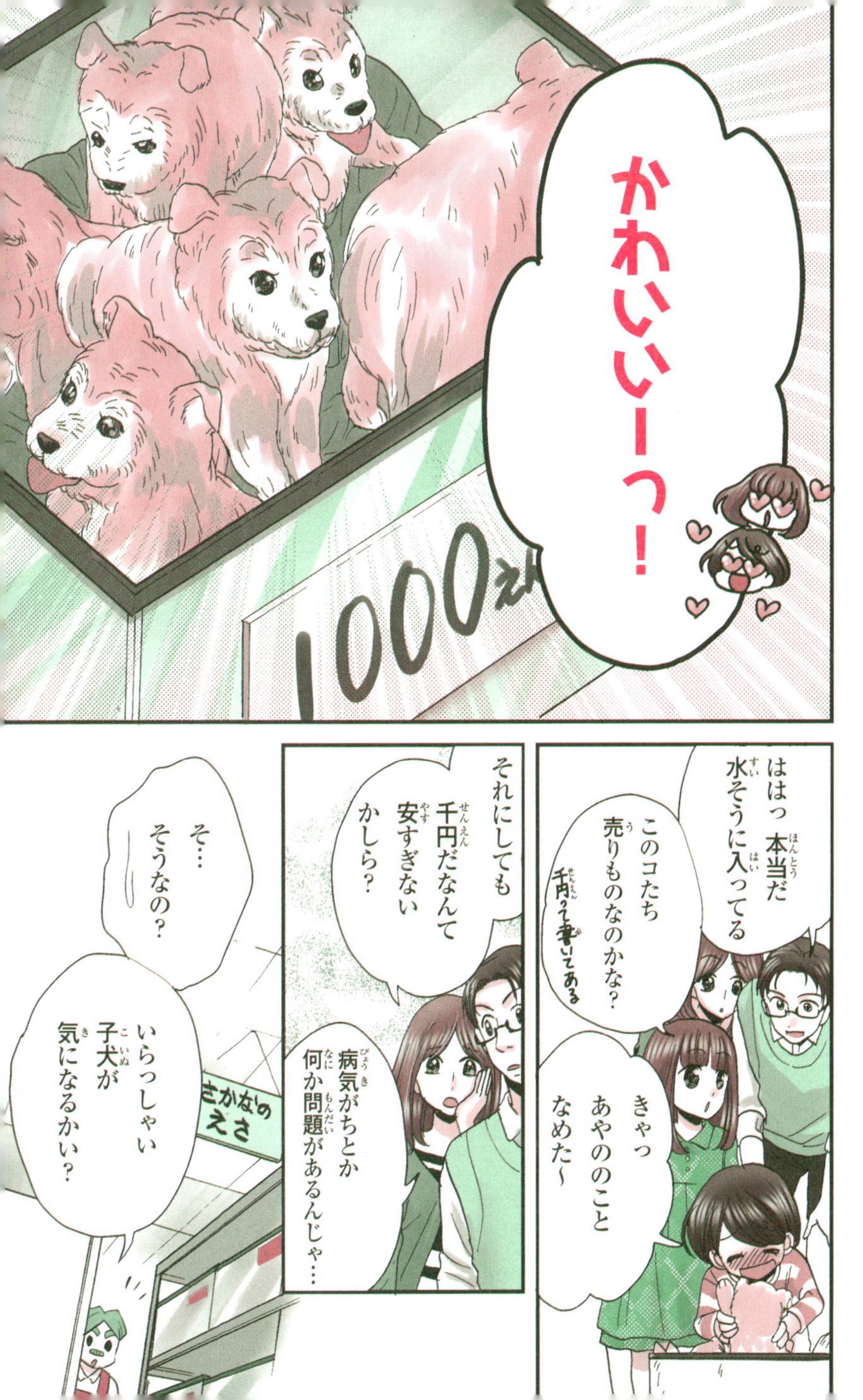
かわいいーっ！
1000えん
ははっ 本当《ほんとう》だ 水《すい》そうに入《はい》ってる
このコたち 売《う》りものなのかな？
千円《せんえん》って書《か》いてある
きゃっ あやののこと なめた～
それにしても 千円《せんえん》だなんて 安《やす》すぎないかしら？
病気《びょうき》がちとか 何《なに》か問題《もんだい》があるんじゃ…
そ… そうなの？
さかなのえさ
いらっしゃい 子犬《こいぬ》が 気《き》になるかい？

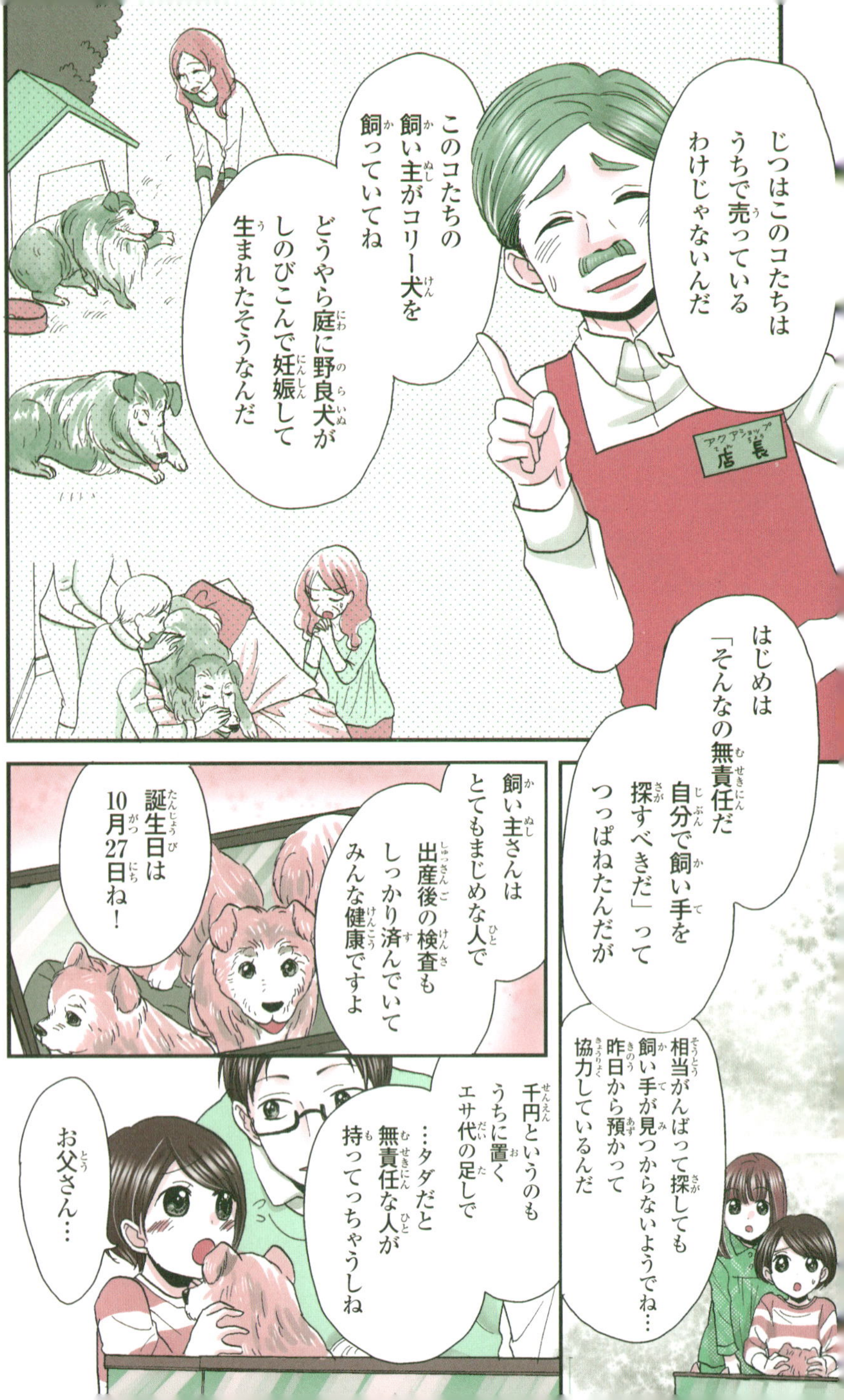
じつはこのコたちは うちで売《う》っている わけじゃないんだ
アクアショップ 店長
このコたちの 飼《か》い主《ぬし》がコリー犬《けん》を 飼《か》っていてね
どうやら庭《にわ》に野良犬《のらいぬ》が しのびこんで妊娠《にんしん》して 生《う》まれたそうなんだ
はじめは 「そんなの無責任《むせきにん》だ 自分《じぶん》で飼《か》い手《て》を 探《さが》すべきだ」って つっぱねたんだが
相当《そうとう》がんばって探《さが》しても 飼《か》い手《て》が見《み》つからないようでね… 昨日《きのう》から預《あず》かって 協力《きょうりょく》しているんだ
飼《か》い主《ぬし》さんは とてもまじめな人《ひと》で 出産後《しゅっさんご》の検査《けんさ》も しっかり済《す》んでいて みんな健康《けんこう》ですよ
誕生日《たんじょうび》は 10月《がつ》27日《にち》ね！
千円《せんえん》というのも うちに置《お》く エサ代《だい》の足《た》しで …タダだと 無責任《むせきにん》な人《ひと》が 持《も》ってっちゃうしね
お父《とう》さん…

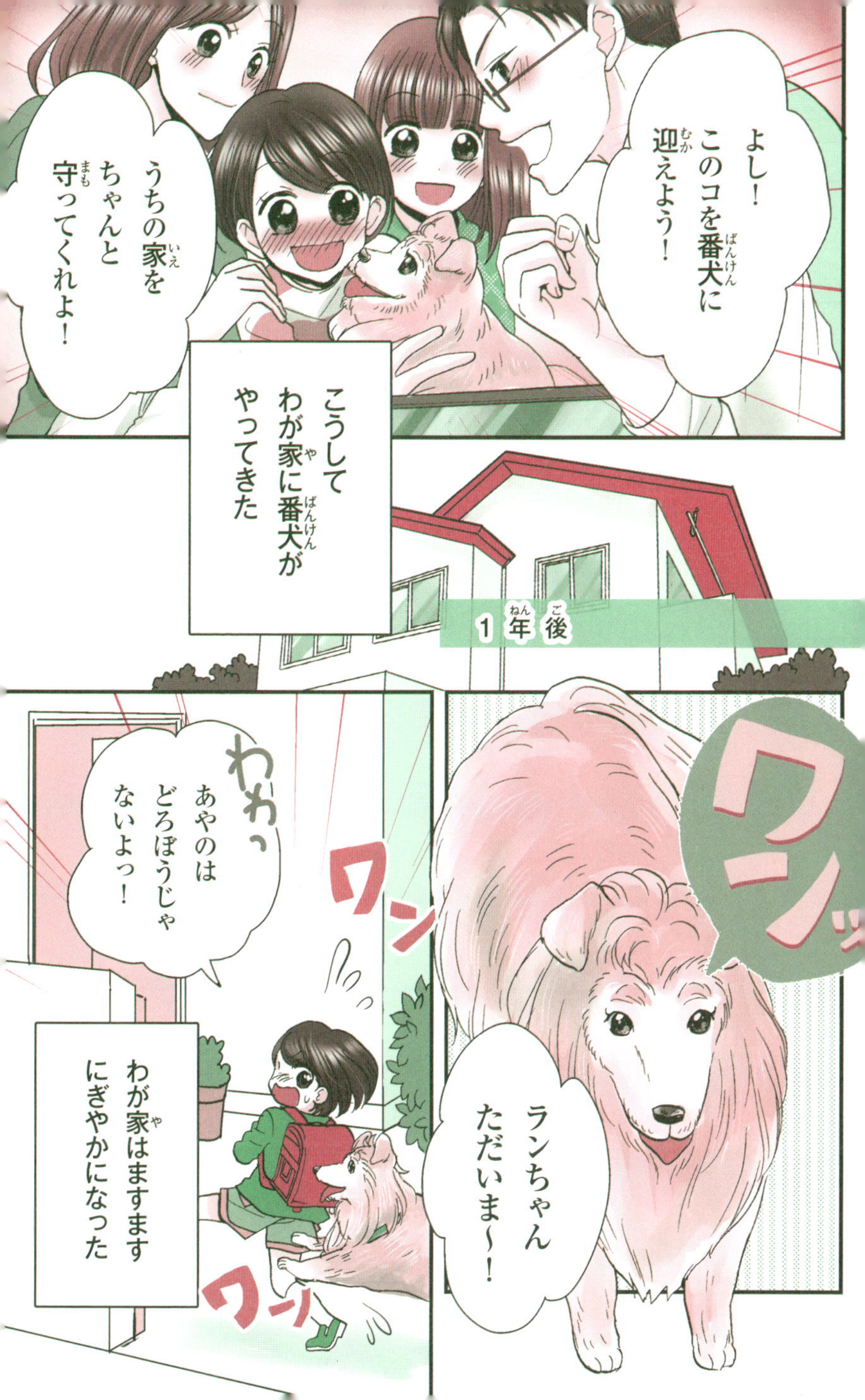
よし！このコを番犬《ばんけん》に迎《むか》えよう！
うちの家《いえ》をちゃんと守《まも》ってくれよ！
こうしてわが家《や》に番犬《ばんけん》がやってきた
1年《ねん》後《ご》
ワンッ
ランちゃんただいまー！
ワン
わわ、
あやのはどろぼうじゃないよっ！
ワーッ
わが家《や》はますますにぎやかになった

聞《き》いて あやの
ランってば 今日《きょう》 おとなりさんの お庭《にわ》に勝手《かって》に入《はい》っていって 作業《さぎょう》していた 植木屋《うえきや》さんのお弁当《べんとう》 食《た》べちゃったのよ〜!
あー!っ
ガブッ
ええーっ!
しかも おかずだけ!
ワーン!
あはははっ
笑《わら》いごとじゃ ないわよ!
お母《かあ》さんいそいで 昼《ひる》ごはん作《つく》って あやまりに行《い》き…
も〜
ランちゃんは くいしんぼうだもん
ワンッ!
番犬《ばんけん》だし いっぱい食《た》べて 力《ちから》つけないとね!
ドタ
ドタ…
あやの 散歩《さんぽ》の 時間《じかん》!

あ…
ちっちゃい子《こ》が
こわがってる
犬《いぬ》が苦手《にがて》
なのかも！
ビクビク
ひええぇ
しっかり
リードを
引《ひ》いて…
ぐい
ブルブルブル
ママぁ
ライオンさん！
！
あはっ
〝ライオン〟
だって！
おかしーい
あははは
たしかに
ランちゃんの
顔《かお》の毛《け》ライオンだ!!
ひぃははっ
クゥ？
ぱ
よーし
こうしちゃえ

これでこわがられないぞー！
ワン
ランちゃんはわたしたちの大切《たいせつ》な家族《かぞく》――
ピカッ
新田
わっすごい雨《あめ》!!
ゴロ
ゴロ
ランちゃん家《いえ》に入《い》れてあげよ
きゃっ カミナリ！
ゴロ…
あれ？
いない！
うそでしょ…っ
あやの！

ランちゃん！
ザァァァ
ランちゃん！
ザァァァ
あやの！
お父《とう》さんとお母《かあ》さんが
探《さが》してくるから
家《いえ》にいなさい！
いやっ！
あやのも探《さが》す！
パシッ
ピカッ
雷《かみなり》が鳴《な》って
危《あぶ》ないんだ
家《いえ》にいなさい！
ゴロゴロゴロ…
いやーっ
だってランちゃん
遠《とお》くに行《い》ったら
帰《かえ》れなくなっちゃう！
雨《あめ》だから
自分《じぶん》が歩《ある》いた道《みち》のにおい
わからなくなっちゃうよっ
ゴロ…
あやの
ランが帰《かえ》ってきたとき
だれが迎《むか》えるんだ？
家《いえ》で
待《ま》ってなさい

結局《けっきょく》その日《ひ》に
ランちゃんは見《み》つからず
警察《けいさつ》と保健所《ほけんじょ》に
届《とど》けを出《だ》して
3日《か》がたった
ランちゃん…
どこに
いるの？
雨《あめ》にぬれて
寒《さむ》くない？
おなかすいてない？
このままじゃ…
ランちゃん 死《し》んじゃうよ…
今《いま》の声《こえ》！
ガターンッ
あやの!?
クゥ〜〜ン…
ランちゃん！
ヨロ…
ヨロ…

ランちゃんはボロボロになって帰《かえ》ってきた
よかったあ
わぁあん…
3日間《かかん》生《い》きた心地《ここち》がしなかった
ランちゃんのいない日常《にちじょう》なんて考《かんが》えられない
そして月日《つきひ》はたち――
今年《ことし》もランちゃんの誕生日《たんじょうび》に帰《かえ》るね
えっ？体調悪《たいちょうわる》いの？ランちゃんが？
わたしは大学生《だいがくせい》になり家《いえ》からはなれたところに住《す》むようになった
ワン！
ただいま〜ランちゃん
なーんだ元気《げんき》じゃん心配《しんぱい》したよ！

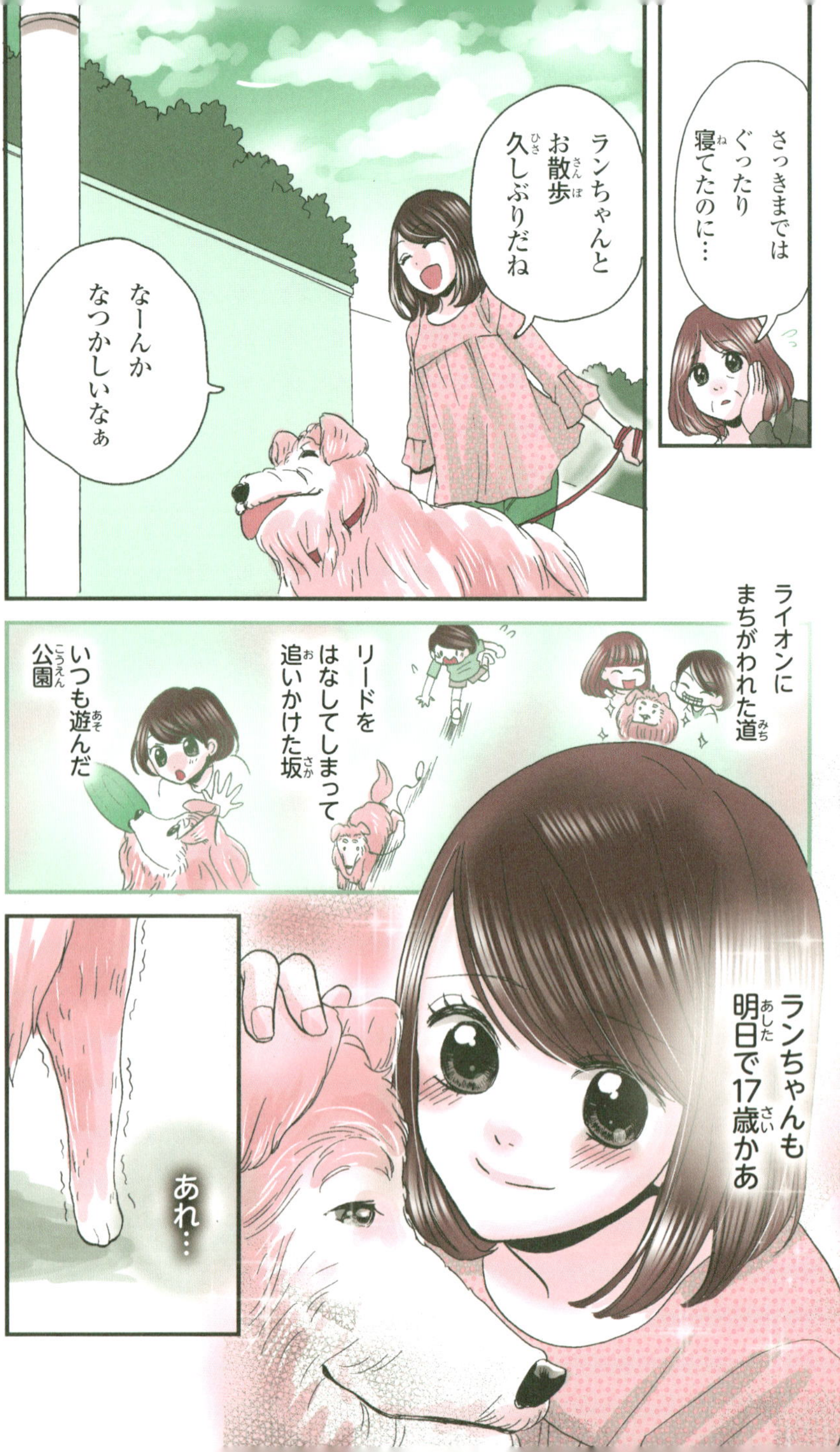
さっきまでは
ぐったり
寝《ね》てたのに…
ランちゃんと
お散歩《さんぽ》
久《ひさ》しぶりだね
なーんか
なつかしいなぁ
ライオンに
まちがわれた道《みち》
リードを
はなしてしまって
追《お》いかけた坂《さか》
いつも遊《あそ》んだ
公園《こうえん》
ランちゃんも
明日《あした》で17歳《さい》かあ
あれ…

ただいま
ラン大丈夫《だいじょうぶ》だった？
えっ？
なんで？
ランがお散歩《さんぽ》するなんて久《ひさ》しぶりよ
うそ…
受《う》け入《い》れたくない現実《げんじつ》……
水《すい》そうに入《はい》っていた小《ちい》さな犬《いぬ》は
ライオンみたいな強《つよ》い番犬《ばんけん》になり
ごめんね無理《むり》させちゃったね……
おばあちゃん犬《けん》になってしまっていました
――そして

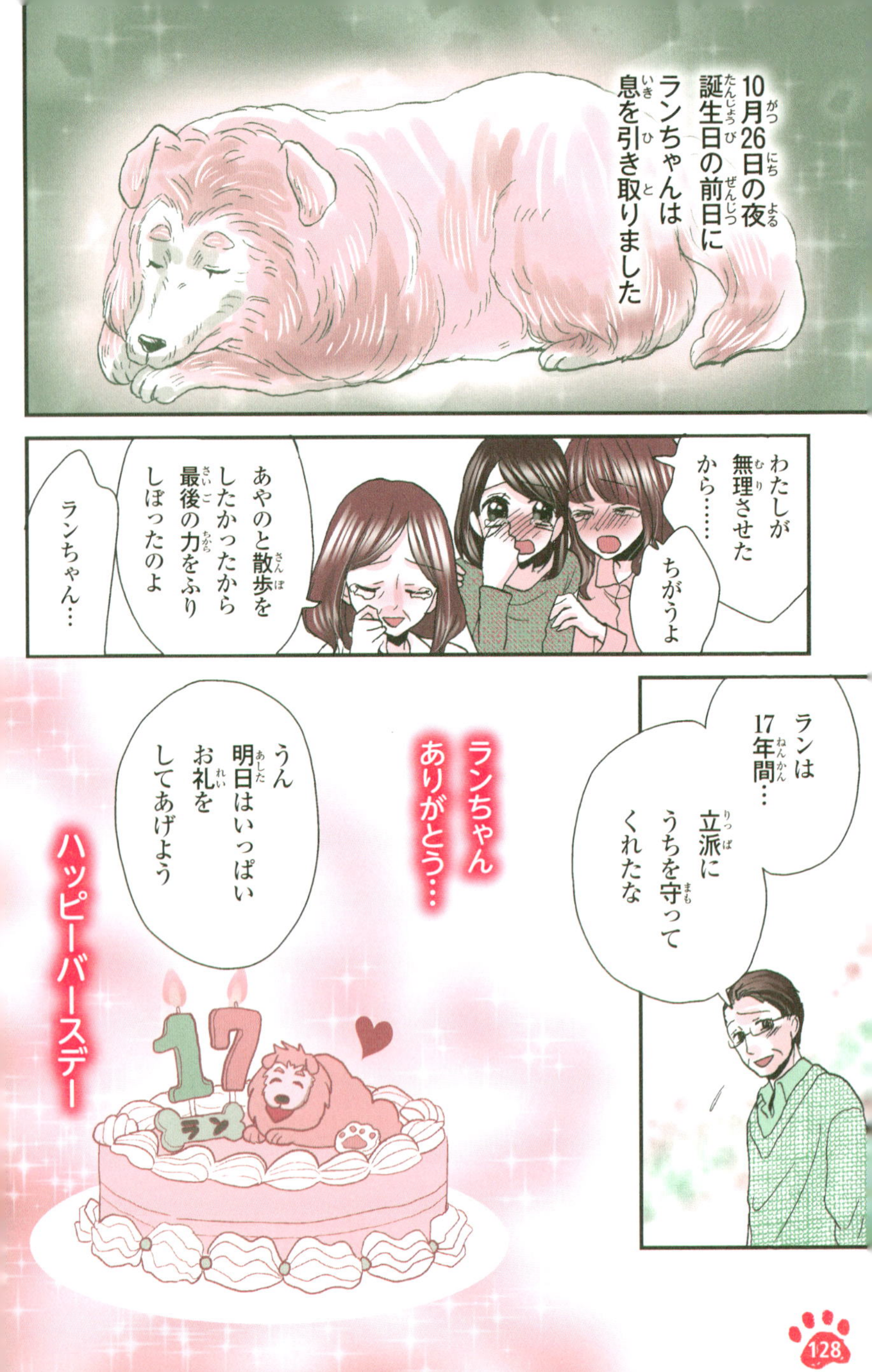
10月《がつ》26日《にち》の夜《よる》
誕生日《たんじょうび》の前日《ぜんじつ》に
ランちゃんは
息《いき》を引《ひ》き取《と》りました
わたしが無理《むり》させたから……
ちがうよ
あやのと散歩《さんぽ》をしたかったから最後《さいご》の力《ちから》をふりしぼったのよ
ランちゃん…
ランは17年間《ねんかん》… 立派《りっぱ》にうちを守《まも》ってくれたな
ランちゃんありがとう…
うん 明日《あした》はいっぱいお礼《れい》をしてあげよう
ハッピーバースデー
17
ラン

第《だい》8話《わ》 未来《みらい》につなげる命《いのち》

優雅なキミの姿にひとめぼれしたんだ。

園《えん》の人気者《にんきもの》だったレイラが死《し》んだ。

日本《にほん》に初《はじ》めてやってきたオカピのレイラ。

レイラが残《のこ》してくれたものは…。

動物園《どうぶつえん》の人気者《にんきもの》が死《し》んでしまった
日本初《にほんはつ》のオカピの飼育《しいく》は大変《たいへん》だったと思《おも》いますが…
飼育員《しいくいん》 石和田研二《いしわだけんじ》さん
レイラはとてもいいコだったので
それほど手《て》がかかったという印象《いんしょう》はないんです
一番《いちばん》心《こころ》に残《のこ》った出来事《できごと》は？
やっぱりピッピの出産《しゅっさん》かな…

17年前《ねんまえ》
新《あたら》しくオープンするこの動物園《どうぶつえん》に
アメリカの動物園《どうぶつえん》から2頭《とう》のオカピを迎《むか》えることになった
日本《にほん》で初《はじ》めての『珍獣《ちんじゅう》オカピ』
ぼくは迷《まよ》わず担当飼育員《たんとうしいくいん》に手《て》をあげた
ズーラシア園長《えんちょう》
うーん
石和田《いしわだ》さんは飼育員《しいくいん》になってまだ7年半《ねんはん》
担当《たんとう》はずっと小型肉食動物《こがたにくしょくどうぶつ》やサルだったわね
アメリカからはオカピの飼育《しいく》は10年以上《ねんいじょう》のベテランにって言《い》われているの
オカピの飼育《しいく》がむずかしいのはわかっています！
でも・・・！
ベルギーアントワープ動物園《どうぶつえん》
うわあ…

なんて優《ゆう》雅《が》な
どうぶつなんだ
ケンジもさわってみる?
いいんですか?
すごい
なめらかだ…
だろう?

慣《な》れると人《ひと》なつっこくてとってもチャーミング！
ぼくもいつかオカピを飼育《しいく》してみたいな
ケンジならきっとダイジョーブ!!
日本《にほん》にもいつかオカピが行《い》くといいね！
オカピの飼育《しいく》はぼくの夢《ゆめ》でした
研修《けんしゅう》にも行《い》ってちゃんとオカピのこと勉強《べんきょう》しますから！
石和田《いしわだ》さんアメリカの動物園協会《どうぶつえんきょうかい》はね飼育実績《しいくじっせき》のない日本《にほん》にオカピを出《だ》すことを反対《はんたい》していたの

そのなかでやっと預《あず》けていただいたオカピです
絶対《ぜったい》に途中《とちゅう》で投《な》げ出《だ》せない
アジア初《はつ》のオカピの飼育《しいく》を世界中《せかいじゅう》が注目《ちゅうもく》しています
責任重大《せきにんじゅうだい》よ！
それでもやれる？
石和田《いしわだ》さん

やらせてください！
オカピの飼育担当《しいくたんとう》をぼくに!!
ぼくはすぐにアメリカへ飛《と》んだ
日本《にほん》に来《く》るオカピが飼育《しいく》されている動物園《どうぶつえん》に行《い》き
日本《にほん》に来《く》るまでの1か月間《げっかん》一緒《いっしょ》に過《す》ごしたのだ
経験豊富《けいけんほうふ》なアメリカの飼育員《しいくいん》からは
たくさんのことを学《まな》ばせてもらった
1997年《ねん》秋《あき》——
オープンを再来年《さらいねん》に控《ひか》えた動物園《どうぶつえん》に
ついにオカピがやって来《き》た

※正式《せいしき》な担当《たんとう》を本番《ほんばん》といい、本番《ほんばん》がいないときなどに担当《たんとう》する副担当《ふくたんとう》を代番《だいばん》という。

オカピの飼育《しいく》は基本的《きほんてき》にアメリカのマニュアルに従《したが》うけど
研修《けんしゅう》してきたぼくにもわからないことは多《おお》い
OKAPI MANUAL
でもわからないことは言《い》い訳《わけ》にならない
このコたちを死《し》なせるようなことがあったら
もう二度《にど》とオカピは日本《にほん》に来《こ》ないだろう
みんなで大事《だいじ》に見守《みまも》って育《そだ》てていこう
そしてズーラシアでこの2頭《とう》の赤《あか》ちゃんを迎《むか》えよう
はい!!
こうして始《はじ》まったぼくらとオカピの日々《ひび》
おどろきも発見《はっけん》もいくつもあった
バラ
バラ
バラバラ
そして心配事《しんぱいごと》も……
レイラ ちょっと外《そと》に行《い》こうか
バラ バラ
バラ

そわそわ
レイラ?
ドッ
どうしたのレイラ!
大丈夫《だいじょうぶ》!?
落《お》ち着《つ》いてレイラ!
バン
もしかして…
ヘリコプターか?
バラバラバラ
あの音《おと》がいやなのか?
びっくりしました
オカピは大《おお》きな音《おと》が苦手《にがて》なんですね
いつもとちがう音《おと》はストレスになってしまうんだ
もうすぐ動物園《どうぶつえん》のオープンですけど…
お客《きゃく》さんの歓声《かんせい》は大丈夫《だいじょうぶ》でしょうか
かといってお客《きゃく》さんに公開《こうかい》しないわけにはいかない…

オカピがぼくらのところに来《き》て1年半後《ねんはんご》
ついに動物園《どうぶつえん》のオープンの日《ひ》がやってきた
わあ〜
これがオカピ！
つやつや
とってもきれい！
足《あし》だけしましまー！
オカピって馬《うま》の仲間《なかま》？
キリンの仲間《なかま》なんだって！
こそこそ

大丈夫《だいじょうぶ》そうだな…
ヘリにもなれたみたいです
あんなにこわがってたのに
パラパラ
パラ…
たくさん写真《しゃしん》を撮《と》られて2頭《とう》とも大《だい》スターですね石和田《いしわだ》さん！
世《よ》の中《なか》にはこんなに美《うつく》しいどうぶつがいる…
オカピをひとりでも多《おお》くの日本人《にほんじん》に知《し》ってもらうのがぼくたちの役目《やくめ》だ
ぽん
よくここまでがんばってくれましたね
…
園長《えんちょう》!!

いえ
がんばったのは
レイラとキィアンガです
そうね
見《み》知《し》らぬ国《くに》の動物園《どうぶつえん》でよくここまで慣《な》れてくれたわね…

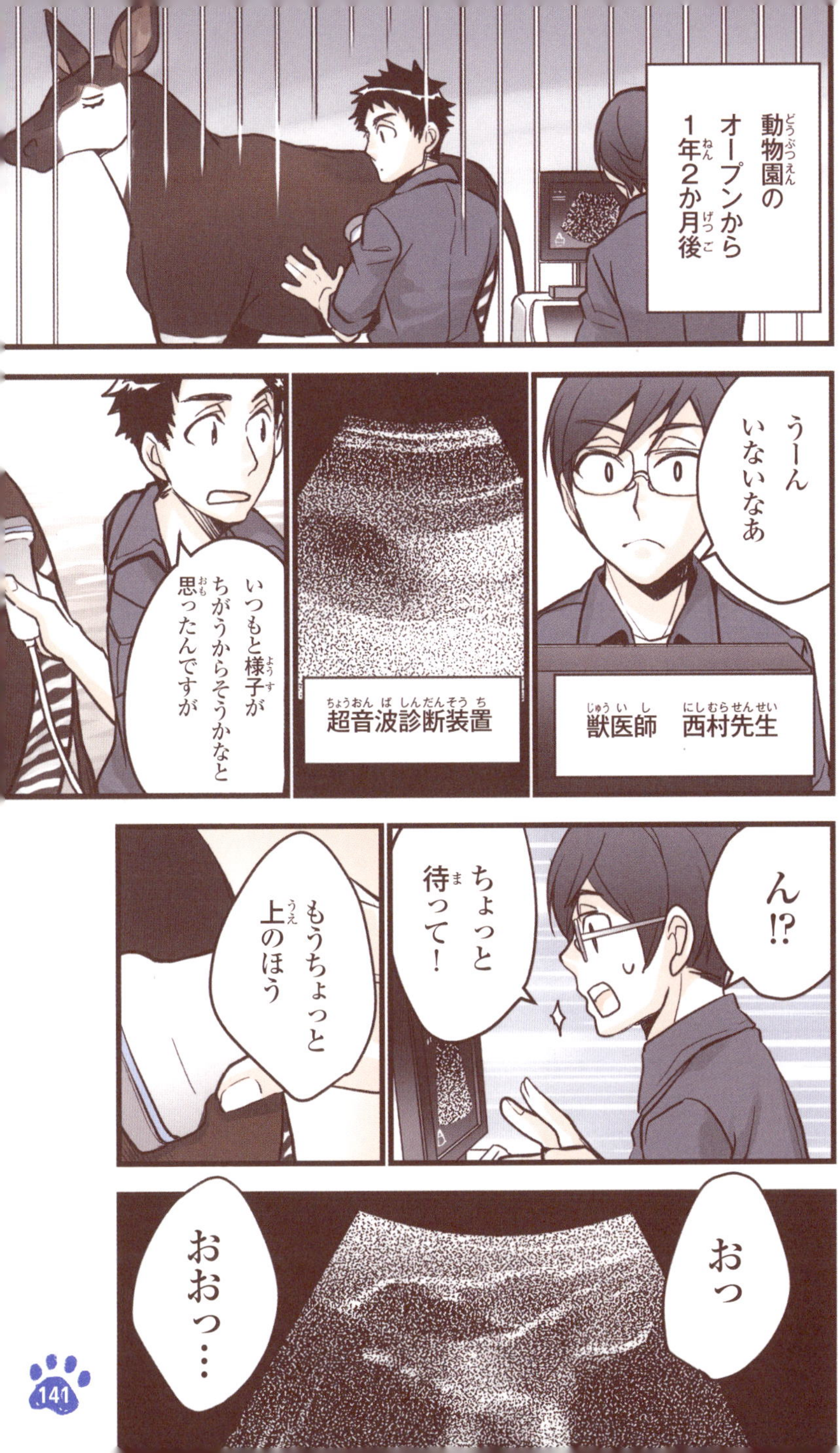
動物園《どうぶつえん》のオープンから1年《ねん》2か月後《げつご》
うーん いないなあ
獣医師《じゅういし》 西村先生《にしむらせんせい》
超音波診断装置《ちょうおんぱしんだんそうち》
いつもと様子《ようす》がちがうからそうかなと思《おも》ったんですが
ん!?
ちょっと待《ま》って!
もうちょっと上《うえ》のほう
おっ
おおっ…

動《うご》いてる! 石和田《いしわだ》さん いますよ 赤《あか》ちゃん!
やったー!!
これは 大《だい》ニュースよ 石和田《いしわだ》さん
役所《やくしょ》に 連絡《れんらく》しなくちゃ!!
オカピの繁殖《はんしょく》に 成功《せいこう》したら国内初《こくないはつ》…
いや アジア初《はつ》ですよ
オカピの妊娠期間《にんしんきかん》は 一番短《いちばんみじか》い記録《きろく》で 409日《にち》…
発情《はつじょう》から判断《はんだん》すると 生《う》まれるのは今年《ことし》の 10月《がつ》の上旬《じょうじゅん》です!!
わたしも全力《ぜんりょく》で サポートします!!
お願《ねが》い します!!

がんばろうな
レイラ…
それから3か月《げつ》ちょっと
ぼくらはいっそう慎重《しんちょう》にレイラの世話《せわ》をした
だが予想《よそう》した10月上旬《がつじょうじゅん》を過《す》ぎても出産《しゅっさん》のきざしはない
そして11月20日《がつはつか》の夜《よる》
もういつ生《う》まれてもおかしくないです今日《きょう》はわたしも泊《と》まります
気持《きも》ちはわかるけど
きみは帰《かえ》りなさい
長《なが》びいてふたりともダウンしてしまったら困《こま》るだろ
須田《すだ》さんを帰《かえ》し残《のこ》ったスタッフで見守《みまも》ることになった

そろそろたのむよレイラ
…あれ
首《くび》をふって歩《ある》いてる
発情《はつじょう》のときと同《おな》じ!!
いよいよですかね
ぼくちょっと見《み》てきます!
だめだよ!
オカピは人《ひと》が見《み》ていると陣痛《じんつう》をおさえてしまうことがあるんだ
しばらくはここで見守《みまも》るしかないですね
レイラがんばれっ!
チュン
チュン
よこはま動物園
ズーラシア
レイラ…

朝《あさ》になっちゃいましたね…
午前《ごぜん》 5:36
レイラもつかれているだろうな…
でもあわが出《で》てきてる
もうちょっとだよ
午前《ごぜん》 6:00
前足《まえあし》が出《で》てきた
ふくろにつつまれてる
あれは鼻《はな》かな
午前《ごぜん》 6:07
午前《ごぜん》 6:09
う…
産《う》まれた!!
アジア・オセアニア地域《ちいき》で初《はじ》めてオカピの赤《あか》ちゃんが誕生《たんじょう》した

レイラが
赤《あか》ちゃんをなめてる
さすがレイラ
いいお母《かあ》さんだ
さあ
赤《あか》ちゃん
がんばって
ぐぐっ…
クン
クン…
ガッ
ど
どうした
んだろう
レイラ
赤《あか》ちゃんを
けっちゃだめだよ!!
スン
スン
ドッ
レイラ!!

レイラお乳《ちち》を吸《す》われるのがイヤみたいです
様子《ようす》を見《み》に行《い》ったほうが…
だめだ
産後《さんご》のお母《かあ》さんは神経質《しんけいしつ》になってる
赤《あか》ちゃんがお乳《ちち》を吸《す》えるようになるまでは
人《ひと》が近《ちか》づかないほうがいいと言《い》われているんだ
MANUAL
ガッ
…石和田《いしわだ》さん
このままでは赤《あか》ちゃんが危《あぶ》ない
レイラは石和田《いしわだ》さんをいちばん信頼《しんらい》している
ずっと一緒《いっしょ》にいたあなたなら
とまどっているレイラを落《お》ち着《つ》かせることができるかもしれない
レイラを落《お》ち着《つ》かせる——
……ぼく見《み》に行《い》ってきます!!

レイラ?
カチャ…
キッ
レイラのこんな顔《かお》見《み》たことない!
すごい殺気だ…
子《こ》どもを守《まも》ろうとしているんだな
…
レイラ…
初《はじ》めてだもんな不安《ふあん》だよな
フーーッ

おまえはお母《かあ》さんになったんだよ!!
フーッ
フーッ
少《すこ》し落《お》ち着《つ》いてきたみたいだ
信《しん》じているよレイラ…
出産《しゅっさん》を見守《みまも》り始《はじ》めて40時《じ》間《かん》以《い》上《じょう》
ぼくらはほとんど眠《ねむ》らずに親子《おやこ》を見守《みまも》った
石和田《いしわだ》さん
石和田《いしわだ》さん見《み》てください!
はっ

赤《あか》ちゃんがお乳《ちち》を飲《の》んでいます！
レイラ…
よくがんばったね…
このとき産《う》まれた女《おんな》の子《こ》は公募《こうぼ》で「ピッピ」と名《な》づけられた
動物園《どうぶつえん》の人気者《にんきもの》
PiPPi
3年後《ねんご》には第《だい》2子《し》の「ルル」が誕生《たんじょう》
スワヒリ語で「真珠《しんじゅ》」といういみ
LULU
レイラはルルにはすぐにお乳《ちち》をやりよゆうのお母《かあ》さんぶりだった

ルルを産《う》んで10年後《ねんご》
レイラはこの世《よ》を去《さ》った
レイラ ありがとう
急《きゅう》すぎてまだ信《しん》じられません
体調《たいちょう》をくずしてからあっというまだったな…
あの…
レイラちゃんにお花《はな》…
ありがとう あっちだよ
オカピ好《す》きかい？
うん！
おもしろくてかわいいもん!!
オカピは今《いま》世界中《せかいじゅう》でどんどん数《かず》が減《へ》っている
おじさんも オカピが大好《だいす》きなんだ
レイラが残《のこ》してくれた命《いのち》を大切《たいせつ》につないでいく それがぼくらの使命《しめい》だ

みんなで守《まも》れ！

数《かず》が減《へ》っている野生《やせい》どうぶつ

オカピのほかにも、世界中《せかいじゅう》で数《かず》が減《へ》っていて、このままだと絶滅《ぜつめつ》が心配《しんぱい》されている野生《やせい》どうぶつがいる。生息地《せいそくち》の中《なか》に保護区《ほごく》を設定《せってい》したり、密猟《みつりょう》や密輸《みつゆ》を防止《ぼうし》する取《と》り組《く》みを、各国《かっこく》で協力《きょうりょく》して行《おこな》ったりし、野生《やせい》どうぶつを守《まも》る活動《かつどう》が進《すす》められているんだ。

オランウータン

西《にし》アフリカの森《もり》の水辺《みずべ》に暮《く》らす。ふつうのカバの10分《ぶん》の1の重《おも》さしかない。森《もり》が減《へ》っているため、数《かず》は減《へ》っているが、飼育《しいく》しやすく、動物園《どうぶつえん》では数《かず》を増《ふ》やしている。▶

コビトカバ

▲東南《とうなん》アジアのカリマンタン島《とう》とスマトラ島《とう》の森《もり》にすむ類人猿《るいじんえん》。すみかをうばわれ数《かず》が減《へ》っている。生息地《せいそくち》の森《もり》を守《まも》ったり、保護区《ほごく》を設定《せってい》したりしている。

ハシビロコウ

◀中央《ちゅうおう》アフリカなどの湿地《しっち》にすむ大《おお》きな鳥《とり》。湿地《しっち》が農地《のうち》になったり、食料《しょくりょう》の魚《さかな》が減《へ》ったりし、数《かず》が減《へ》っている。湿地《しっち》の保護《ほご》、売買《ばいばい》の禁止《きんし》などの保護活動《ほごかつどう》を行《おこな》う。

タスマニアデビル

▲オーストラリアのタスマニア島《とう》だけにすむ有袋類《ゆうたいるい》。1990年代《ねんだい》の半《なか》ばから、顔《かお》に腫瘍《しゅよう》ができる感染症《かんせんしょう》がはやり、数《かず》が激減《げきげん》した。保護区《ほごく》を設定《せってい》して避難《ひなん》させたり病気《びょうき》のワクチンを開発《かいはつ》したりしている。

アマミノクロウサギ

▲鹿児島県《かごしまけん》の奄美大島《あまみおおしま》と徳之島《とくのしま》だけにすむウサギ。すみかの森《もり》が減《へ》ったり、人《ひと》の車《くるま》にひかれたりして、数《かず》が減《へ》っている。森《もり》を守《まも》り、生息状況《せいそくじょうきょう》をはあくする調査《ちょうさ》を行《おこな》っている。

ユキヒョウ

中央《ちゅうおう》アジアやヒマラヤなど、寒《さむ》い高山《こうざん》にすむヒョウ。美《うつく》しい毛《け》皮《がわ》を目的《もくてき》に殺《ころ》され数《かず》が減《へ》った。保護区《ほごく》を設定《せってい》し、密猟《みつりょう》をパトロールしている。▶

第《だい》2章《しょう》

声《こえ》を聞《き》かせて…

天国《てんごく》に行《い》ってしまったどうぶつたち。
会《あ》えなくなっても家族《かぞく》を支《ささ》え、
その未来《みらい》を照《て》らしてくれます。心《こころ》にうかぶ姿《すがた》に
語《かた》りかけながら、自分《じぶん》の道《みち》を探《さが》していく
そんな人《ひと》たちの心温《こころあたた》まる物語《ものがたり》。

青空純物語《あおぞらじゅんものがたり》

第《だい》9話《わ》 「ごめんね」が言《い》いたい

ギャラリーを出《で》た純《じゅん》たち。チョコの話《はなし》をしていると、突然流奈《とつぜんるな》が泣《な》き出《だ》して…。

すてきなギャラリーだったねぇ
わたしまたチョコに会《あ》えた気《き》がしたよ
うん
そっくりだもんねその色紙《しきし》
にぃ〜
にぃ〜
流奈《るな》？
はっ
どうした？気分《きぶん》悪《わる》い？

純《じゅん》……
わたし……
ポロ…
うわあああん…
流奈《るな》!?
るっ
しばらくして
流奈《るな》は
話《はな》し始《はじ》め
ました――
小学生《しょうがくせい》のとき
学校帰《がっこうがえ》りの
公園《こうえん》で
小《ちい》さな捨《す》てネコを
見《み》つけたの
わあ…!!
まだ
赤《あか》ちゃんで
綿毛《わたげ》みたいに
ふわふわで
でもうちも
友《とも》だちの家《いえ》も
飼《か》ってあげられ
なくて
どうしたら
助《たす》けられるか
みんなで必死《ひっし》に
考《かんが》えて――

だったら ここで育《そだ》てようよ！
みんなで家《いえ》から ごはんを持《も》ってきて わたしたちで この子《こ》を守《まも》ろう!!
うん!!
にあ〜
タンポポの花《はな》の横《よこ》に 捨《す》てられていた その子《こ》ネコを 「ポポ」と名《な》づけて わたしたちは 公園《こうえん》でこっそり 飼《か》い始《はじ》めた
——わたしの 提案《ていあん》で……

ないしょで家《いえ》から
食《た》べものを
持《も》ち寄《よ》って
ポポのもとに
通《かよ》った
雨《あめ》の日《ひ》はぬれない場所《ばしょ》に
移動《いどう》させて
よごれはタオルで
ふいてあげて
パンは小《ちい》さくちぎって
牛乳《ぎゅうにゅう》もあげた
だけど
2週間後《しゅうかんご》の朝《あさ》
公園《こうえん》に行《い》くと……
ポポは
冷《つめ》たく
なっていた

泣《な》きながら家《いえ》に帰《かえ》って親《おや》に事情《じじょう》を打《う》ち明《あ》けたら
こっそり飼《か》わずに保健所《ほけんじょ》に相談《そうだん》する方法《ほうほう》があったことを教《おし》えてもらった
それにお世話《せわ》のしかたもまちがってた……
わたしがちゃんとしてたらポポは助《たす》かっていたのかもって
思《おも》い出《だ》すたび後悔《こうかい》してつらくなった
きちんと動物《どうぶつ》についての知識《ちしき》があれば……その思《おも》いが何年《なんねん》たっても消《き》えなくて
それでわたしは動物《どうぶつ》について学《まな》べるこの大学《だいがく》に入《はい》ったの
そうだったんだ……
知《し》らなかった
――でも

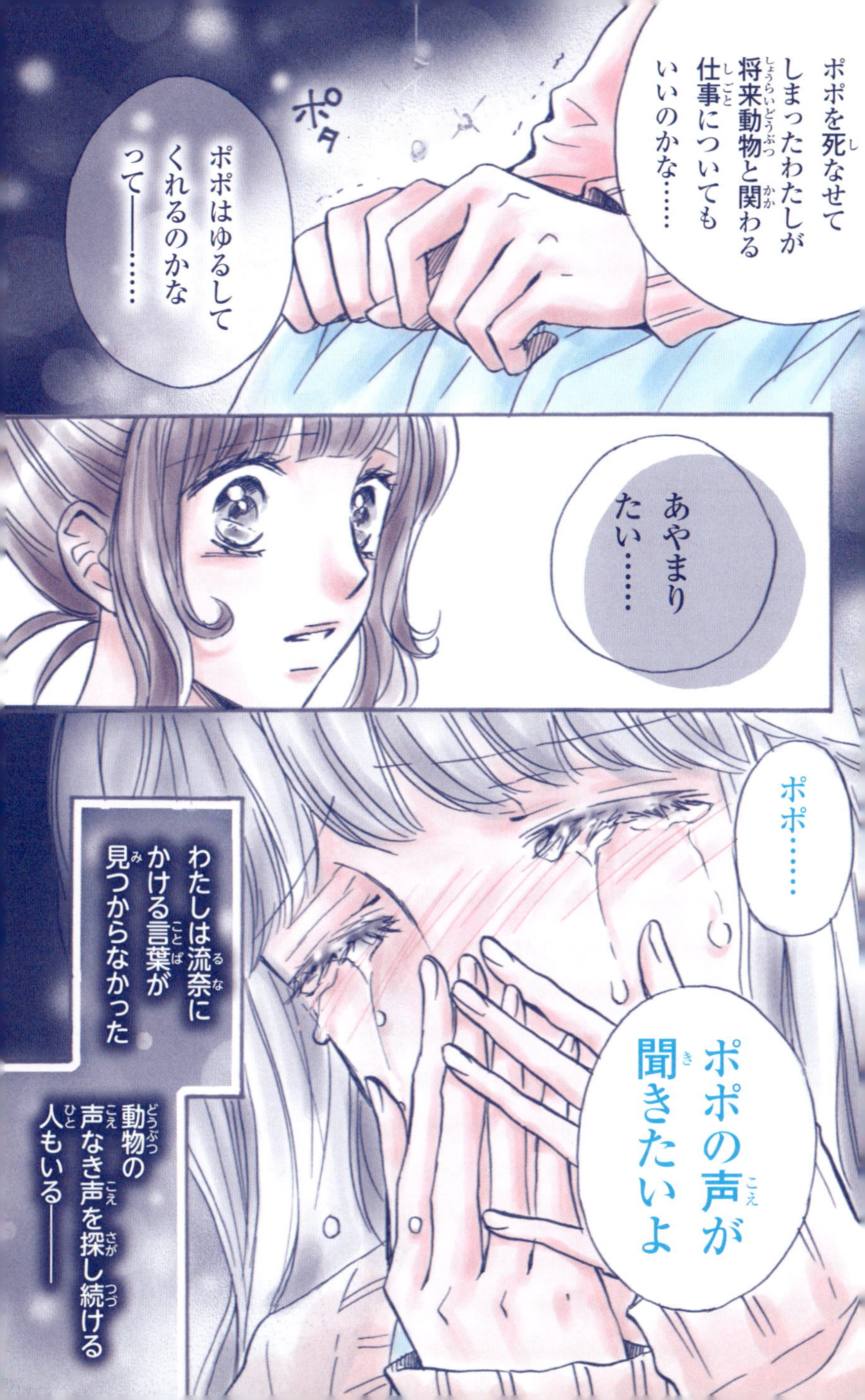

ポポを死《し》なせてしまったわたしが将来動物《しょうらいどうぶつ》と関《かか》わる仕事《しごと》についてもいいのかな……
ポタ
ポポはゆるしてくれるのかなって――……
あやまりたい……
ポポ……
ポポの声《こえ》が聞《き》きたいよ
わたしは流奈《るな》にかける言葉《ことば》が見《み》つからなかった
動物《どうぶつ》の声《こえ》なき声《こえ》を探《さが》し続《つづ》ける人《ひと》もいる――

第《だい》10話《わ》 イチョウが散《ち》るころ

あのときわたしが
キミをはなさなければ……。
しっかりつかんでいれば……。

千風《ちかぜ》は石段《いしだん》を前《まえ》にして、ふーっと息《いき》をついた。持《も》っている紙袋《かみぶくろ》に目《め》を落《お》とす。

（行《い》こう。そのために、ここまで来《き》たんだから）

カツカツと、ヒールの音《おと》を立《た》てて石段《いしだん》をのぼると、

ザザ――。

突然《とつぜん》あざやかな黄色《きいろ》が、目《め》に飛《と》びこんできた。

大木《たいぼく》のイチョウが風《かぜ》にあおられ、葉《は》を

散《ち》らしている。

（あのときと同《おな》じ……）

千風《ちかぜ》はその場《ば》にくずれるように、しゃがみこんだ。

（やっぱり、無理《むり》）

ぎゅっと紙袋《かみぶくろ》をだきしめ、涙《なみだ》をこらえる。

すると、

「大丈夫《だいじょうぶ》ですか？」

声《こえ》をかけられ、千風《ちかぜ》は顔《かお》を上《あ》げた。

そばに立《た》っていたのは、お寺《てら》の住職《じゅうしょく》だった。

「あっ、はい、大丈夫《だいじょうぶ》です……」

千風《ちかぜ》があわてて立《た》ち上《あ》がると、住職《じゅうしょく》は千風《ちかぜ》の紙袋《かみぶくろ》を見《み》た。

紙袋《かみぶくろ》から、ビニールに入《はい》った茶色《ちゃいろ》いぬいぐるみの頭《あたま》がのぞいている。

「人形供養《にんぎょうくよう》にいらしたのですか？」

住職《じゅうしょく》に聞《き》かれて、千風《ちかぜ》はうつむいた。

「そうなんですけど……」

「迷《まよ》っていらっしゃるんですね」

「はい」

「迷《まよ》いがあるなら、供養《くよう》はすすめません。無理《むり》に手《て》ばなさなくてもいいんですよ。ワンちゃんですか？　大切《たいせつ》な思《おも》い出《で》がおありなんですね……」

住職《じゅうしょく》のおだやかな笑《え》みに、千風《ちかぜ》はふっと、体《からだ》の力《ちから》がぬけたように感《かん》じた。

千風《ちかぜ》は紙袋《かみぶくろ》のぬいぐるみを見《み》ながら、話《はな》し始《はじ》めた。


千風《ちかぜ》が子《こ》どものころ、家《いえ》にはトイプードルのマメがいた。

千風《ちかぜ》が覚《おぼ》えているマメとの一番古《いちばんふる》い思《おも》い出《で》は、幼稚園《ようちえん》のころ。

入園当初《にゅうえんとうしょ》、千風《ちかぜ》は登園《とうえん》するのを泣《な》いていやがった。お母《かあ》さんとはなれて、知《し》らない子《こ》たちと過《す》ごすのが、不安《ふあん》だったからだ。

「じゃあ、今日《きょう》はマメと一緒《いっしょ》に登園《とうえん》しましょう」

お母《かあ》さんの提案《ていあん》で、千風《ちかぜ》はウキウキした。幼稚園《ようちえん》の前《まえ》の道《みち》にさしかかったとき、同《おな》じく登園中《とうえんちゅう》の子《こ》がマメを見《み》て、声《こえ》をあげた。

「わあ、かわいいー！」

「マメっていうの」

千風《ちかぜ》がマメをだき上《あ》げて見《み》せると、ほかの子《こ》も集《あつ》まってきた。

「きゃー、かわいい‼」

「ぬいぐるみみたーい」

千風《ちかぜ》は自分《じぶん》がほめられたようで、うれしくなった。

つぎの日《ひ》から、千風《ちかぜ》は張《は》り切《き》って、マメと一緒《いっしょ》に幼稚園《ようちえん》に通《かよ》った。

みんなが、千風《ちかぜ》とマメに声《こえ》をかけてくる。

たくさん友《とも》だちができて、千風《ちかぜ》は幼稚園《ようちえん》が大好《だいす》きになった。

「マメのおかげだよ。ありがとう」

小学生《しょうがくせい》になった千風《ちかぜ》は、公園《こうえん》で遊《あそ》ぶとき、マメを連《つ》れていった。
マメをだっこして、すべり台《だい》をすべったり、おにごっこをしたり……。マメと遊《あそ》ぶと、なんでも楽《たの》しかった。

だが、5年生《ねんせい》の秋《あき》——。
マメと散歩中《さんぽちゅう》、イチョウがまい散《ち》るのを見《み》て、千風《ちかぜ》ははしゃいだ。
「コンサートみたーい！」
千風《ちかぜ》はアイドルグループの歌《うた》を歌《うた》い、スキップしながら、歩《ある》いていった。
信号《しんごう》が青《あお》になり、横断歩道《おうだんほどう》を渡《わた》りはじめたそのとき、
キキッ——！
バイクがギリギリ千風《ちかぜ》をかわして、走《はし》りぬけた。
ぐっと、リードがひっぱられ、手《て》からはなれる。
マメがバイクにはねられるのが、スローモーションで見《み》えた。

ガシャーン！

「大丈夫《だいじょうぶ》か！」

近《ちか》くにいた人《ひと》たちが、バイクで転倒《てんとう》した人《ひと》と、千風《ちかぜ》にかけ寄《よ》ってきた。

突然《とつぜん》のことに、千風《ちかぜ》はぼうぜんとした。

「……マメ、……マメ」

ぐったりと道路《どうろ》に横《よこ》たわるマメに近《ちか》づく。ぺたんと道路《どうろ》に座《すわ》り、マメをひざにだいた。

なにがおきているのか、理解《りかい》できない。

「道路《どうろ》にいたら危《あぶ》ない。歩道《ほどう》へ行《い》こう」

そばにいた人《ひと》にうながされ、千風《ちかぜ》はマメをだき上《あ》げて、歩道《ほどう》まで歩《ある》いた。

しばらくして救急車《きゅうきゅうしゃ》やパトカーが到着《とうちゃく》し、救急隊員《きゅうきゅうたいいん》や警察官《けいさつかん》にいろいろ質問《しつもん》されたが、どう答《こた》えたのか、千風《ちかぜ》は覚《おぼ》えていなかった。

ただ、うでの中《なか》で、マメが冷《つめ》たくなっていくのを感《かん》じた。

「……マメ、目《め》をあけてよ」

連絡《れんらく》を受《う》けたお母《かあ》さんが到着《とうちゃく》してからも、千風《ちかぜ》はマメをはなさず、なで続《つづ》けた。

信《しん》じたくなかった。マメが死《し》んだなんて――。


後日《ごじつ》、バイクの運転手《うんてんしゅ》が、家《いえ》に来《き》た。玄関先《げんかんさき》で、頭《あたま》を下《さ》げて白《しろ》い封筒《ふうとう》を差《さ》しだす。お母《かあ》さんは首《くび》を横《よこ》にふった。

「いいえ、結構《けっこう》です」

バイクの運転手《うんてんしゅ》は、泣《な》きそうな顔《かお》で言《い》った。

「せめてもの謝罪《しゃざい》の気持《きも》ちですので、受《う》け取《と》ってください」

「お気持《きも》ちは、わかりました。でも、お金《かね》でマメは帰《かえ》ってきませんので……」

お母《かあ》さんは、封筒《ふうとう》をしまってくださいというように、両手《りょうて》でおし返《かえ》すしぐさをした。

千風《ちかぜ》はむねがつまり、自分《じぶん》の部屋《へや》にかけこんだ。

（あの日《ひ》、散歩《さんぽ》に出《で》かける時間《じかん》を変《か》えれば、よかった。あのとき、横断歩道《おうだんほどう》を渡《わた》らなければ、よかった。そしたら、マメは死《し》ななかったのに。全部《ぜんぶ》、わたしのせい……）

数日《すうじつ》がたったある日《ひ》、千風《ちかぜ》がお母《かあ》さんとデパートに出《で》かけたときだった。

おもちゃ売《う》り場《ば》の前《まえ》で、千風《ちかぜ》の足《あし》がとまった。

そこにあったのは、トイプードルのぬいぐるみ。

ぬれたようなひとみで、じっと、こちらを見上《みあ》げている。

(マメ……)

ぬいぐるみをだき上《あ》げると、涙《なみだ》がこみ上《あ》げてきた。

こらえると、お母《かあ》さんが千風《ちかぜ》の肩《かた》に手《て》を置《お》いた。

「がまんしなくていいのよ。悲《かな》しいときは、泣《な》いていいいの」

「う……」

ぽたぽたと、涙《なみだ》が、ぬいぐるみにこぼれ落《お》ちる。

「わぁぁーーん」

千風《ちかぜ》はマメが死《し》んでから、初《はじ》めて声《こえ》を上《あ》げて泣《な》いた。


その日《ひ》から、千風《ちかぜ》はぬいぐるみを、マメだと思《おも》ってかわいがった。

夜《よる》は一緒《いっしょ》に眠《ねむ》り、昼間《ひるま》はマメが使《つか》っていたベッドに寝《ね》かせた。

かなしいとき、つらいときは、ぬぐるみをだきしめて泣《な》くと、少《すこ》しだけ気持《きも》ちがやわらいだ――。


あの日《ひ》から10年《ねん》。

「わたしももう大人《おとな》ですし、いつまでもぬいぐるみにたよっているのは、おかしいですよね。それで、供養《くよう》してお別《わか》れしようと……」

千風《ちかぜ》の話《はなし》に、住職《じゅうしょく》は深《ふか》くうなずいた。

「そうでしたか。マメちゃんを支《ささ》えに、前《まえ》を向《む》こうと、がんばってこられたのですね」

鼻《はな》の奥《おく》がツンとして、千風《ちかぜ》は鼻《はな》をすすった。

「あなたの心《こころ》の中《なか》で、マメちゃんは生《い》きていたのですね」

住職《じゅうしょく》の言葉《ことば》に千風《ちかぜ》ははっとした。


**（心《こころ》の中《なか》に、マメは生《い》きている……。

ぬいぐるみではなく、わたしの、心《こころ》に……）**


千風《ちかぜ》のむねに、あたたかいものがわいてきた。

遠《とお》い、幼稚園《ようちえん》のころの記憶《きおく》が、頭《あたま》をよぎる。

（心細《こころぼそ》かったとき、マメが寄《よ》りそい、勇気《ゆうき》をくれた……）

千風《ちかぜ》はこぼれる涙《なみだ》をぬぐい、住職《じゅうしょく》を見《み》た。

「マメの供養《くよう》を、お願《ねが》いします」

千風《ちかぜ》が差《さ》しだしたぬいぐるみを、住職《じゅうしょく》はしっかり受《う》け取《と》った。

「お引《ひ》き受《う》けいたします」

おたき上《あ》げの炎《ほのお》が、パチパチと音《おと》を立《た》てて、立《た》ち上《あ》がる。
千風《ちかぜ》は手《て》を合《あ》わせて、火柱《ひばしら》を見《み》つめた。
マメを失《うしな》った記憶《きおく》は、今《いま》も思《おも》い出《だ》すと、つらくなる。
心《こころ》にあいた穴《あな》もうまらない。
（でも、つらいことばかり思《おも》い出《だ》すのは、もうやめよう。
わたしには、マメにもらった楽《たの》しい時間《じかん》、
宝物《たからもの》の思《おも》い出《で》もあるのだから……）

どうぶつからのメッセージ

千風《ちかぜ》は泣《な》き虫《むし》だな
幼稚園《ようちえん》に行《い》きたくないって
泣《な》いてたあのころからずっと
ぼくがそばにいなきゃダメなんだ

千風《ちかぜ》とぼくは
ずっと一緒《いっしょ》だった
幼稚園《ようちえん》に行《い》くときも
公園《こうえん》に行《い》くときも
学校《がっこう》の友《とも》だちと遊《あそ》ぶときだって

毎日《まいにち》ぼくはとーっても幸《しあわ》せだったよ
だってぼくのとなりで
千風《ちかぜ》は笑顔《えがお》でいてくれたから

もう泣《な》かなくていいんだよ
ぼくらはいつだって
一緒《いっしょ》なんだから

ほら、見《み》て
今年《ことし》もイチョウがキレイだよ

第《だい》11話《わ》

キミにもらった未来《みらい》

新《あたら》しく家族《かぞく》になったメリー。
もう、大丈夫《だいじょうぶ》だよ、
わたしがメリーを守《まも》るから……。

メリーと初《はじ》めて会《あ》ったのは、わたしが小学《しょうがく》2年生《ねんせい》のときだった。放課後《ほうかご》、家《いえ》の近《ちか》くの公園《こうえん》へ行《い》くと、植《う》えこみから柴犬《しばいぬ》が出《で》てきた。じっとわたしを見《み》つめるつぶらなひとみに、むねが高鳴《たかな》った。

「かわいいー」

近《ちか》づくと、柴犬《しばいぬ》はさっと、はなれた。おびえているようで、しっぽをしょぼんと下《さ》げている。

「大丈夫《だいじょうぶ》。いじめないよ」

わたしがしゃがむと、柴犬《しばいぬ》はそろそろと寄《よ》ってきて、わたしのにおいをかいだ。

「いいこ、いいこ」

そっと頭《あたま》をなでると、柴犬《しばいぬ》はおろしたしっぽを、小《ちい》さくふった。

それから、柴犬《しばいぬ》はわたしのあとをついて、家《いえ》までやって来《き》た。

お母《かあ》さんがごはんを用意《ようい》すると、命令《めいれい》してないのに、柴犬《しばいぬ》はおすわりをした。

「きちんと、しつけられていたんだね……」

迷子《まいご》なのか、捨《す》てられたのか。

どちらにしても、柴犬《しばいぬ》がだれかに飼《か》われていたのは、まちがいない。

お母《かあ》さんは警察《けいさつ》と保健所《ほけんじょ》に、迷《まよ》い犬《いぬ》を保護《ほご》したと届《とど》けた。

「飼《か》い主《ぬし》さんが見《み》つかると、いいね」

そうお母《かあ》さんは言《い》ったけれど、わたしはこっそり願《ねが》った。

（このまま、うちで飼《か》えますように……）

2週間《しゅうかん》たっても飼《か》い主《ぬし》は見《み》つからず、柴犬《しばいぬ》はそのまま、うちで飼《か》うことになった。

わたしはうれしくて、張《は》り切《き》って名前《なまえ》を考《かんが》えた。柴犬《しばいぬ》はメスだ。

「もうすぐクリスマスだから、メリークリスマスからとって、メリーはどう？」

「メリー。いいわね」

お母《かあ》さんも、メリーを飼《か》えることになって、喜《よろこ》んでいるようだった。

メリーはとてもこわがりで、ものが落《お》ちる音《おと》にもびくつき、しっぽを下《さ》げた。

「きっと、こわい思《おも》いをしたんだろう」

お父《とう》さんの言葉《ことば》を聞《き》いて、わたしはメリーをなでた。

「もう、こわくないよ。わたしが、メリーを守《まも》るからね」

メリーは少《すこ》しずつうちに慣《な》れていき、ひと月《つき》がたつころには、すっかり家族《かぞく》にとけこんでいた。

わたしは学校《がっこう》から帰《かえ》ると、メリーと散歩《さんぽ》した。

お気《き》に入《い》りのコースは、田《た》んぼわきの道《みち》。

稲《いね》を刈《か》り取《と》ったあと、冬《ふゆ》の田《た》んぼは少《すこ》しさびしかったけど、春《はる》になるとあぜ道《みち》に野花《のばな》が咲《さ》き始《はじ》め、5月《がつ》には水《みず》を張《は》った田《た》んぼに空《そら》がうつり、夏《なつ》は、青々《あおあお》とした稲《いね》がさわさわと音《おと》を立《た》てる、季《き》節《せつ》ごとに変《か》わる景色《けしき》を見《み》るのが好《す》きだった。

メリーは走《はし》るのが好《す》きだったから、わたしも一《いっ》緒《しょ》に走《はし》った。

わたしはメリーに追《お》いつけなくて、すぐにばてて足《あし》が止《と》まった。

メリーはふり返《かえ》って立《た》ち止《ど》まり、わたしが追《お》いつくまで待《ま》ってくれた。

そうして、メリーと走《はし》るうちに、自然《しぜん》と体力《たいりょく》がついたみたい。

4年生《ねんせい》の春《はる》、わたしは50メートル走《そう》で、クラスで1位《い》のタイムになった。

クラスのみんなもおどろいていたけど、一番《いちばん》おどろいたのは、わたしだった。

家《いえ》に帰《かえ》ると、わたしは真《ま》っ先《さき》にメリーに報告《ほうこく》した。

「わたし、クラスで1番《ばん》になって、運動会《うんどうかい》のリレーの選手《せんしゅ》に選《えら》ばれたよ！」

メリーはぶんぶんしっぽをふって、わたしの顔《かお》をなめてくれた。

けれども、数年《すうねん》たつと、メリーは走《はし》れなくなった。かけ出《だ》しても、すぐに立《た》ち止《ど》まって、ハッハッと、苦《くる》しそうに息《いき》をする。

出会《であ》ったとき、メリーが何歳《なんさい》だったのかわからなかったけど、あのときは黒《くろ》かったひげが白《しろ》くなったので、メリーはおばあちゃんになったんだと思《おも》った。

それから、わたしとメリーは、ゆっくり散歩《さんぽ》するようになった。

中学《ちゅうがく》1年生《ねんせい》の秋《あき》、突然《とつぜん》、わたしへのいじめが始《はじ》まった。

はじめのうちは、わたしが入《はい》っていたバスケットボール部内《ぶない》だけだったのが、中学《ちゅうがく》2年生《ねんせい》になると、クラスにも広《ひろ》まった。

聞《き》こえるように悪口《わるぐち》を言《い》われ、クラスのみんなからさけられ、勝手《かって》に班全員《はんぜんいん》の食器《しょっき》を片《かた》づける係《かかり》に決《き》められた。

「食器《しょっき》を片《かた》づけるのは順番《じゅんばん》でやろうよ……」

勇気《ゆうき》をふりしぼって言《い》ったわたしに、返《かえ》ってきた言葉《ことば》は、

「食事《しょくじ》のマナーの悪《わる》い人《ひと》が、片《かた》づけるって決《き》まったの。小林《こばやし》さんは、食《た》べるのがおそいでしょう？」

もっともらしい理由《りゆう》をつけて、いじめは正当化《せいとうか》される。

わたしに返《かえ》す言葉《ことば》はなく、逃《に》げ場《ば》のない苦《くる》しみが積《つ》み重《かさ》なっていった。

なぐさめになったのは、メリーだった。

わたしが家《いえ》に帰《かえ》ると、メリーは飛《と》び上《あ》がってよろこび、わたしを求《もと》めてくれた。

　わたしはメリーをなでて、だきしめた。
「メリーは、あたたかい日《ひ》なたのにおいがするね」

なのに、わたしは、
メリーを裏切《うらぎ》った――。

　5月《がつ》のある日《ひ》、下校《げこう》しようと昇降口《しょうこうぐち》に行《い》くと、わたしのくつがなくなっていた。
　あちこち探《さが》し回《まわ》って、やっと見《み》つけたのは、女子《じょし》トイレの便器《べんき》の中《なか》。
　その瞬間《しゅんかん》、ぎりぎりで保《たも》っていた心《こころ》がこわれた。
　ぬれたくつを持《も》ち、上《うわ》ばきで帰宅《きたく》したわたしを見《み》て、お母《かあ》さんはすべてを理解《りかい》した。

つぎの日《ひ》から登校《とうこう》できなくなったわたしにかわって、お母《かあ》さんは何度《なんど》も学校《がっこう》へ行《い》き、先生《せんせい》と話《はな》し合《あ》ってくれた。

だけど、わたしは、学校《がっこう》へ行《い》くことができなかった。学校《がっこう》のだれかに会《あ》ったらと思《おも》うと、こわくて、メリーとの散歩《さんぽ》にも出《で》られなくなった。

それから2か月《げつ》がたったころ、お父《とう》さんとお母《かあ》さんが、わたしに提案《ていあん》した。

「この町《まち》をはなれよう。この家《いえ》は人《ひと》に貸《か》して、引《ひ》っ越《こ》そう」

わたしは、うなずいた。

(わたしを知《し》る人《ひと》がいない学校《がっこう》で、やりなおすんだ)

引《ひ》っ越《こ》し先《さき》はお父《とう》さんが勤《つと》める会社《かいしゃ》の社宅《しゃたく》で、ペットの飼育《しいく》が禁止《きんし》されていると知《し》ったのは、そのあとだった。

「メリーは？　メリーはどうなるの？」

「さとしおじさんが飼《か》ってくれることになったから、大丈夫《だいじょうぶ》よ」

お母《かあ》さんの返事《へんじ》に、ズキッと、むねが痛《いた》んだ。

（メリーに、また同《おな》じ思《おも》いをさせるの？　わたしは自分《じぶん》が助《たす》かるために、メリーを捨《す》てるんだ……）

引《ひ》っ越《こ》す日《ひ》の朝《あさ》、さとしおじさんがメリーを引《ひ》き取《と》りにやってきた。

わたしは、メリーを見送《みおく》ることができなかった。

部屋《へや》にこもっていると、

クウ～ン、クウ～ン、クンクン……。

外《そと》から、メリーのさびしげな声《こえ》が、聞《き》こえてきた。

（メリーを守《まも》るって約束《やくそく》したのに、ひどいよね。ごめんね、ごめん……）

わたしは、声《こえ》をおし殺《ころ》して泣《な》いた。

転入《てんにゅう》した中学校《ちゅうがっこう》では、おだやかに過《す》ごせた。

引《ひ》っ越《こ》しから3か月《げつ》ほどたった日曜日《にちようび》、わたしはとなり町《まち》の私立高校《しりつこうこう》で、英語検定《えいごけんてい》を受《う》けた。

試験《しけん》を終《お》えて校舎《こうしゃ》を出《で》たとき、ふと思《おも》った。

（ここから、さとしおじさんの家《いえ》まで、そう遠《とお》くない。メリーに会《あ》いに行《い》こう！）

帰《かえ》る方向《ほうこう》と逆《ぎゃく》の電車《でんしゃ》に乗《の》り、ふたつ先《さき》の駅《えき》でおりた。

でも、歩《ある》いているうちに、心《こころ》のもやもやがつのってきた。

（メリーに会《あ》って、どうするの？　ようやく、メリーがおじさん一家《いっか》になじんだころだよね……。わたしが会《あ》いに行《い》ったら、きっと、おじさんたちの迷惑《めいわく》になる……）

会《あ》っていいのか、悪《わる》いのか。迷《まよ》ううちに、さとしおじさんの家《いえ》に着《つ》いた。

（どうしよう。でも、ここまで来《き》たんだし……）

わたしは深呼吸《しんこきゅう》してから、呼《よ》び鈴《りん》をおした。

応答《おうとう》がない。

（留守《るす》か……）

そう思《おも》って帰《かえ》りかけたとき、

クウ〜ン、クウ〜ン、クンクン……。

ドアの向《む》こうから、メリーの鳴《な》き声《ごえ》が聞《き》こえてきた。

わたしにあまえたいときに、出《だ》す鳴《な》き声《ごえ》だ。

わたしはドアに顔《かお》を寄《よ》せた。

「メリー、わたしだって、わかるの？」

鳴《な》き声《ごえ》が、大《おお》きくなる。

どっと、涙《なみだ》があふれ出《で》た。

（会《あ》いたい。会《あ》って、メリーをだきしめたい。

でも、会《あ》ったら、また別《わか》れがつらくなる……）

「メリー、みんなにかわいがってもらうんだよ」

メリーのさびしそうな声《こえ》を聞《き》くのが、つらくて、わたしはかけ出《だ》した。

（ごめんね、メリー。ごめんね……）

2か月後《げつご》の12月《がつ》の夕方《ゆうがた》、電話《でんわ》を切《き》ったお母《かあ》さんが言《い》った。

「メリーが、死《し》んだって……」

わたしが息《いき》をのむと、お母《かあ》さんはなぐさめるように言葉《ことば》を続《つづ》けた。

「老衰《ろうすい》で、眠《ねむ》るように死《し》んだって。寿命《じゅみょう》をまっとうしたのよ」

わたしは、玄関《げんかん》を飛《と》び出《だ》し、階段《かいだん》をかけおりた。

「美優《みゆう》！」

お母《かあ》さんの声《こえ》が響《ひび》いたけど、ふりむかず社宅《しゃたく》を走《はし》り出《で》た。

（泣《な》くな！　弱《よわ》っていたメリーを、慣《な》れない場所《ばしょ》に行《い》かせたせいだ。わたしが……、わたしが、メリーを殺《ころ》した。悲《かな》しむ資格《しかく》なんて、ない！）

メリーのさびしげな鳴《な》き声《ごえ》が、頭《あたま》の中《なか》にこだまする。

悲《かな》しくて、苦《くる》しくて、むねが張《は》りさけそうだった。

夢中《むちゅう》で土手《どて》を走《はし》っていくと、向《む》こう
から柴犬《しばいぬ》がやってきた。
むねがぎゅっと、しめつけられる。
わたしは立《た》ち止《ど》まってその場《ば》に泣《な》き
くずれた。

柴犬《しばいぬ》を連《つ》れた子《こ》が近《ちか》づき、話《はな》しかけてきた。

「えっと、2組《くみ》の小林《こばやし》さんだよね？　大丈夫《だいじょうぶ》？」

顔《かお》を上《あ》げて、わかった。名前《なまえ》は知《し》らないけど、となりの1組《くみ》の女《おんな》の子《こ》だ。

「ま、前《まえ》に飼《か》っていた犬《いぬ》が……」

わたしは、どう答《こた》えたらいいのかわからなくて、言葉《ことば》につまった。

すると、女《おんな》の子《こ》がしゃがんで、犬《いぬ》をなでてみせた。

「うちのコ、ハナっていうの。おとなしいから、なでても大丈夫《だいじょうぶ》だよ」

わたしはしゃがんで、そっとハナちゃんをなでた。

くんくんにおいをかいで、しっぽをふる姿《すがた》が、メリーに重《かさ》なる。

「わたしも柴犬《しばいぬ》を飼《か》っていたの。そのコが今日《きょう》、死《し》んじゃって……。わたし、そのコ……メリーにひどいことをした」

「そう？　わたしは、小林《こばやし》さんがメリーちゃんを大事《だいじ》にしてたって感《かん》じるよ。メリーちゃんも、小林《こばやし》さんを大事《だいじ》にしてたと思《おも》うな」

女《おんな》の子《こ》が、ハナちゃんをなでながら続《つづ》ける。

「犬《いぬ》は、飼《か》い主《ぬし》が元気《げんき》ないと、悲《かな》しそうな顔《かお》をするし、元気《げんき》だと、うれしそうな顔《かお》をするよね」

メリーが喜《よろこ》んだり、心配《しんぱい》そうにわたしを見《み》たりする場面《ばめん》が、つぎつぎに浮《う》かんできた。

そして、さとしおじさんの、家《いえ》のドア越《ご》しに聞《き》いたメリーの鳴《な》き声《ごえ》が、耳《みみ》によみがえった。

（あの鳴《な》き声《ごえ》、わたしがいじめにあって、泣《な》いたときにも出《だ》していた。もしかして、あのときメリーは、さびしくて鳴《な》いていたんじゃなく、元気《げんき》のないわたしを心配《しんぱい》してくれていたの？）

女《おんな》の子《こ》が言《い》った。

「小林《こばやし》さんの気持《きも》ちがよくわかるっていったら、うそになるけど、もしもハナが死《し》んだらって考《かんが》えるだけで、泣《な》きそうになる。だから、小林《こばやし》さんが今《いま》すごく悲《かな》しいんだろうなっていうのは、わかるよ」

ほわっと、やわらかい光《ひかり》がさしたような気《き》がした。

わたしはいじめられてから、人《ひと》と接《せっ》するのがこわくなった。

転入《てんにゅう》したクラスでは、まわりの人《ひと》と距離《きょり》を置《お》き、当《あ》たりさわりのない会話《かいわ》をして、無《ぶ》難《なん》に過《す》ごそうとしていた。

もう傷《きず》つきたくなかったから。

だけど、相手《あいて》の気持《きも》ちを知《し》ろうとしなかったら、自分《じぶん》の心《こころ》に壁《かべ》を作《つく》っていたら、親友《しんゆう》にはなれない。

わかってはいたけど、自分《じぶん》からふみ出《だ》す勇気《ゆうき》がなかった……。

引《ひ》きかけていた涙《なみだ》がまたあふれてきて、わたしは両手《りょうて》で顔《かお》をおおった。

女《おんな》の子《こ》が、あわてて言《い》った。

「えっ、あっ、ごめん。わたし、余計《よけい》なこと言《い》った？」

わたしはぶんぶん、首《くび》を横《よこ》にふった。

「ちがう、そうじゃないの。うれしかったの。こんなふうに、わたしの気持《きも》ちを考《かんが》えてくれるなんて……」

それから、女《おんな》の子《こ》はだまって、ただとなりにいてくれた――。

わたしの気持《きも》ちに寄《よ》りそおうとしてくれる。そのやさしさがむねにしみて、わたしは、なかなか涙《なみだ》をとめることができなかった。

ようやく気持《きも》ちが落《お》ち着《つ》いてきて顔《かお》を上《あ》げると、女《おんな》の子《こ》が心配《しんぱい》そうに首《くび》をかしげた。

「大丈夫《だいじょうぶ》？」

そばで、ハナちゃんも、じっとわたしを見《み》ている。

「うん。ありがとう。もう、大丈夫《だいじょうぶ》。散歩《さんぽ》の途中《とちゅう》だったのに、つきあわせてしまって、ごめんね」

わたしが立《た》ち上《あ》がると、女《おんな》の子《こ》も立《た》ち上《あ》がった。

女《おんな》の子《こ》が「あっ」と、つぶやく。

「そうだ。まだ名前《なまえ》を言《い》ってなかったね。わたしは夏木凜《なつきりん》。よろしくね」

「わたしは、小林美優《こばやしみゆう》」

「美優《みゆう》って呼《よ》んでいい？　わたしも凜《りん》って呼《よ》んで」

わたしがうなずくと、凜《りん》が言《い》った。

「美優《みゆう》、わたしでよかったら、またメリーちゃんの話《はなし》を聞《き》かせてね」

また、という言葉《ことば》に、心《こころ》がおどる。

（また、話《はな》せるんだ。わたしといて、いやじゃないんだ）

コクコクうなずくと、凜《りん》もうなずいた。

「それじゃあ、また」

凜《りん》が手《て》をあげる。

わたしは、手《て》をあげたいきおいで言《い》った。

「あのっ！　今度《こんど》ハナちゃんのお散歩《さんぽ》に、一緒《いっしょ》に行《い》っていい？」

「もちろん!」

凛《りん》がにっこり笑《わら》った。

わたしはほっとして、小《ちい》さく笑《わら》い返《かえ》した。

(わたし、メリーのおかげで、新《あたら》しい友《とも》だちができたよ)


メリーへの罪悪感《ざいあくかん》は、これからも消《き》えることはないだろう。

でも、これ以上《いじょう》、メリーに心配《しんぱい》をかけるのも、いやだ。

(メリー。今《いま》はまだ「ごめんね」っていう言葉《ことば》しか言《い》えないけど、いつか「ありがとう」って言《い》えるように、わたし、生《い》きてくよ)

ふと、お母《かあ》さんの顔《かお》が浮《う》かんだ。

(お母《かあ》さん、心配《しんぱい》しているだろうな)

わたしはもう一度《いちど》、目《め》のまわりをぬぐい、家《いえ》に向《む》かってかけ出《だ》した。

どうぶつからのメッセージ

美優《みゆう》ちゃん

あの日《ひ》、会《あ》いに来《き》てくれてありがとう
ドアの外《そと》から聞《き》こえる足音《あしおと》
すぐ美優《みゆう》ちゃんだとわかったよ
わたしはいそいで玄関《げんかん》まで行《い》った
ひさしぶりの美優《みゆう》ちゃんの声《こえ》……
わたしのことを
思《おも》ってくれるあったかい声《こえ》……
できることならだきつきたかったけど
声《こえ》が聞《き》けただけですごくうれしかった

わたしはあなたと別《わか》れたこと、つらくなんてなかったよ
あなたがわたしを守《まも》ってくれたように、
今度《こんど》はわたしがあなたを守《まも》るって決《き》めてたから
たとえ距離《きょり》がはなれても、
わたしたちのキズナはかわらない
だから「ごめんね」
なんて言《い》わないで

がんばれ、がんばれ
美優《みゆう》ちゃん！
大丈夫《だいじょうぶ》、わたしはいつだって味方《みかた》だよ

第《だい》12～16話《わ》 つながるブログ

麻理《まり》は『セキセイインコの　テンちゃん』と表示《ひょうじ》されたブログにログインした。

テンちゃんのしぐさに和《なご》み、おしゃべりに笑《わら》うという楽《たの》しい日々《ひび》を残《のこ》したくて、半年前《はんとしまえ》に始《はじ》めたブログだ。

ひさしぶりのブログ。なかなか1文字目《もじめ》が打《う》てなかった。

ため息《いき》をつきながら、新《あら》たに検索《けんさく》サイトを開《ひら》いて、「インコ　吐《は》く」と、打《う》ちこんだ。

インコの病気《びょうき》についてつづったブログがたくさんヒットした。

読《よ》むと、どのブログからも飼《か》い主《ぬし》さんのインコ愛《あい》が伝《つた》わってくる。

コメントを寄《よ》せている人《ひと》たちも、インコの飼《か》い主《ぬし》さんばかりで、自分《じぶん》のことのように親身《しんみ》だ。

（同《おな》じような病気《びょうき》とたたかっている人《ひと》もいるんだ。もっと早《はや》くに読《よ》んでいればよかった……）

麻理《まり》はテンちゃんを思《おも》いながら、ほかの人《ひと》のブログを読《よ》み終《お》え、自分《じぶん》の記事《きじ》をアップした。

ちゅんこ ダイアリー

ピヨちゃん吐《は》く

先日《せんじつ》、ピヨちゃんが**10歳《さい》の誕生日《たんじょうび》**を迎《むか》え、
大好《だいす》きなトウモロコシでお祝《いわ》いしました。

とてもご機嫌《きげん》でたくさん写真《しゃしん》をとったのですが
いろいろあり、更新《こうしん》が遅《おく》れてしまいました。

じつはピヨちゃんが病気《びょうき》になってしまったんです…。
誕生日《たんじょうび》のつぎの日《ひ》の朝《あさ》、ピヨちゃんは突然《とつぜん》吐《は》きました。

首《くび》をふって、すごくつらそうに吐《は》き散《ち》らかすから、
心配《しんぱい》で心配《しんぱい》で……
すぐ、かかりつけ医《い》に連《つ》れていきました。
診断《しんだん》は胃炎《いえん》。
薬《くすり》を飲《の》み水《みず》に混《ま》ぜて、あげることになりました。

ピヨちゃんの症状《しょうじょう》は少《すこ》し落《お》ち着《つ》いてきましたが、
早《はや》く、元気《げんき》いっぱいのピヨちゃんにもどってほしいと、
いのる思《おも》いです。

コメント

ピヨちゃん、心配《しんぱい》ですね。すぐに病院《びょういん》に行《い》けてよかったです。とにかく早《はや》い対応《たいおう》が大事《だいじ》なので、これからも注意《ちゅうい》して見《み》てあげてくださいね。

from トリッター

>トリッターさん。ありがとうございます。病気《びょうき》になったのは初《はじ》めてなので、なにかあったら相談《そうだん》させてください。

from ちゅんこ

プロフィール

ちゅんこ
当《とう》ブログの管理人《かんりにん》。2羽《わ》のセキセイインコのママ

ピヨちゃん
レインボー（メス）
10歳《さい》

パルちゃん
ノーマル（メス）
6歳《さい》

インコブリーダー日記《にっき》
鳥《とり》さんといっしょ

プロフィール

トリッター

インコのブリーダー歴《れき》8年《ねん》

インコの情報《じょうほう》、ヒナ情報《じょうほう》をアップしていきます☆

鳥《とり》さんといっしょ

先月《せんげつ》生《う》まれたヒナたち、
すくすく育《そだ》っています
ももママと、すずパパも、
子育《こそだ》てがんばっています。
もうすぐ、ふたりから
挿《さ》し餌《え》をバトンタッチして、
ひとりで食《た》べられるように育《そだ》てていく予定《よてい》です

新《あたら》しい飼《か》い主《ぬし》さんのところへ元気《げんき》に巣立《すだ》てるよう、
それまでサポートするのがブリーダーの役目《やくめ》。
生《う》まれた小鳥《ことり》たちは、ひとりで立派《りっぱ》にエサを食《た》べられるようになったら、巣立《すだ》っていきます。

インコをお迎《むか》えする飼《か》い主《ぬし》さんたちへ。
インコをお迎《むか》えしたら、鳥専門《とりせんもん》の病院《びょういん》で定期的《ていきてき》に
健康診断《けんこうしんだん》を受《う》けさせてくださいね。

いつもよりエサを食《た》べなかったり、
フンの色《いろ》がおかしかったり、吐《は》いたりしたときには
すぐに病院《びょういん》へ連《つ》れて行《い》ってあげてください!!

もし不安《ふあん》なことがあれば、いつでもお答《こた》えするので
コメントしてくださいね

コメント

うちのコはいま闘病中《とうびょうちゅう》です。ときどき発作《ほっさ》をおこすので、はらはらします。

from ちいちい

ちいちゃんレポート

ヒヤヒヤ

今朝《けさ》、ちいちゃんが二度目《にどめ》のけいれんをおこしました。
病院《びょういん》でもらっていた薬《くすり》を急《いそ》いで飲《の》ませると、15分《ふん》ほどで落《お》ち着《つ》きました。
けいれんが収《おさ》まると、ケロっとした顔《かお》でエサをパクパク食《た》べ始《はじ》めるので、ほっ なんだか力《ちから》が抜《ぬ》けてしまいます。

前回《ぜんかい》のけいれんから少《すこ》したっていたので、
もうなおったのかなと思《おも》っていたときに今回《こんかい》のけいれん。ちょっと心配《しんぱい》です
けいれんの原因《げんいん》は、いくつか考《かんが》えられるそうですが、
今《いま》のところ、「腎臓《じんぞう》の異常《いじょう》では?」というのが、
お医者《いしゃ》さんの見立《みた》てです。

しばらく薬《くすり》を飲《の》んで様子《ようす》を見《み》て、よくなるようだったら、
薬《くすり》を継続《けいぞく》。
効果《こうか》がなければ、ほかの病気《びょうき》の可能性《かのうせい》を考《かんが》えるそうです。
まだまだ気《き》のぬけない日々《ひび》になりそうです。

コメント

うちのコもけいれん発作《ほっさ》をおこします。目《め》が離《はな》せず大変《たいへん》ですが、お互《たが》い大切《たいせつ》なインコのために頑張《がんば》りましょうね。

from まど

>まどさん、ありがとうございます。けいれんが始《はじ》まると動揺《どうよう》してしまいますが、できるだけ落《お》ち着《つ》いて看《かん》護《ご》できるようにしたいです。

from ちいちい

プロフィール

ちいちい
ちいちゃんの毎日《まいにち》をレポートします。

ちいちゃん
白《しろ》ハルクイン(オス)
6歳《さい》

セキセイインコのテンちゃん

マリンバ
インコを飼《か》い始《はじ》めて3年目《ねんめ》。
テンちゃん（オス）との日々《ひび》をつづります

« 1 2 3 4 »

テンちゃんの胃炎《いえん》

テンちゃんが病気《びょうき》になってからのことを書《か》くのはつらくて、
なかなか書《か》き出《だ》せなかったのですが、ほかの飼《か》い主《ぬし》さんのブログを読《よ》んで、わたしもきちんと書《か》き残《のこ》そうと思《おも》いました。

テンちゃんが吐《は》いたのは、5月《がつ》の初《はじ》めころでした。

今考《いまかんが》えれば、朝晩《あさばん》と日中《にっちゅう》の気温差《きおんさ》がある時期《じき》。
セキセイインコは気温差《きおんさ》に弱《よわ》いので、
もっとケージ内《ない》の温度《おんど》に気《き》をつけるべきだったかもしれません。

病院《びょういん》で診察《しんさつ》を受《う》けたところ、**胃炎《いえん》**と判明《はんめい》。
テンちゃんはあまりエサを食《た》べなくなり、じっとしている時間《じかん》が増《ふ》えました。
お医者《いしゃ》さんが言《い》うには、
「じっとしているのは、おなかが痛《いた》いのをガマンしているのでしょう」
……と

このころの治療《ちりょう》は、薬《くすり》を飲《の》ませるほか、
病院《びょういん》で吐《は》き気止《けど》めの注射《ちゅうしゃ》と、
エサをほとんど食《た》べないときには、病院《びょういん》で食《た》べさせてもらっていました。

注射《ちゅうしゃ》はやはり痛《いた》いようで、見《み》ていて、つらいものがありました。
が、吐《は》き気止《けど》めの薬《くすり》が効《き》くと、エサをついばむようになるので、
必要《ひつよう》な処置《しょち》でした。

けれども、時間《じかん》があくと、また吐《は》き出《だ》し、
テンちゃんの体重《たいじゅう》はどんどん減《へ》っていきました。
お医者《いしゃ》さんは、「初期《しょき》の胃炎《いえん》はなおりますが、
テンちゃんの状態《じょうたい》では、もうなおらない」と言《い》いました。

わたしは迷《まよ》いました。
なおらないのに、つらい治療《ちりょう》を続《つづ》けていくのは、
テンちゃんを苦《くる》しめるだけなんじゃないか……。
でも、テンちゃんは生《い》きようとしていました。
わたしは考《かんが》えて考《かんが》えて、決《き》めました。

テンちゃんがあきらめてないのに、
わたしがあきらめて、どうする。
奇跡《きせき》を信《しん》じよう‼

同時《どうじ》に思《おも》いました。生《い》きる時間《じかん》がどのくらいであろうとも、
テンちゃんを幸《しあわ》せにしたい！

テンちゃんがあまえたい、というしぐさをすれば、
手《て》にのせたり、首《くび》まわりをかいてあげたりしました。
テンちゃんの望《のぞ》みを、少《すこ》しでもかなえてあげたかったから……。

テンちゃんは発病後《はつびょうご》3か月《げつ》ほどで、虹《にじ》の橋《はし》を渡《わた》りました
セキセイインコの1年《ねん》は、人間《にんげん》の数年分《すうねんぶん》に当《あ》たるというので、
3か月《げつ》は、1〜2年《ねん》ぐらいだったのかな？
一日一日《いちにちいちにち》がかけがえのないものなんだと、あらためて思《おも》います。

小鳥《ことり》もそれぞれ体質《たいしつ》があるようなので、
病名《びょうめい》が同《おな》じでも、同《おな》じ治療《ちりょう》や経過《けいか》になるわけではないと思《おも》いますが、
このブログがちょっとでも参考《さんこう》になれば、
わたしも、テンちゃんも、うれしいです。

コメントを読《よ》む≫

第《だい》17話《わ》

別《わか》れが、始《はじ》まりだった…

キミを守《まも》れなくてごめんね…。
もう二度《にど》と、
同《おな》じあやまちはしないよ。

沙織《さおり》はハリネズミのケースをそうじしようとして、手《て》をとめた。

「アズールのうんち、ゆるいなあ」

少《すこ》し気《き》になったが、

「こんなものなのかな……」

と、そうじを続《つづ》けた。

沙織《さおり》がアズールを飼《か》い始《はじ》めたのは、3日前《かまえ》のこと。
沙織《さおり》はハリネズミのイラストが入《はい》った

グッズが好《す》きで買《か》い集《あつ》めるうちに、生《い》きているハリネズミを飼《か》いたいと思《おも》うようになった。でも、売《う》っている店《みせ》は、家《いえ》の近《ちか》くになかった。

インターネットで調《しら》べ、ようやく見《み》つけた他県《たけん》の店《みせ》に行《い》った。

店《みせ》の人《ひと》は革手袋《かわてぶくろ》をつけると、ケースの中《なか》でくっつくようにしているハリネズミ4匹《ひき》を、ケースから出《だ》して見《み》せてくれた。

「わあ～　4匹《ひき》がかたまってる！　かわいい！」

沙織《さおり》は店《みせ》の人《ひと》に、飼育方法《しいくほうほう》やエサについて教《おし》えてもらった。

❖エサは、ハリネズミ専用《せんよう》フードがいいが、犬用《いぬよう》やネコ用《よう》でも代用《だいよう》できる。

❖ケージ内《ない》の温度《おんど》は、25～28℃を保《たも》つこと。

❖動物《どうぶつ》の飼育《しいく》の基本《きほん》は、よく観察《かんさつ》して健康状態《けんこうじょうたい》を確認《かくにん》すること。

と聞《き》いた。

家《いえ》に帰《かえ》ってすぐ、教《おし》えてもらった通《とお》りにケージを整《ととの》え、革手袋《かわてぶくろ》をつけてハリネズミを入《い》れようとした。だけど、ハリネズミは針《はり》を立《た》てて体《からだ》を丸《まる》めてしまう……。

「さわって、大丈夫《だいじょうぶ》かな?」

沙織《さおり》は、おそるおそるさわった。それから買《か》ってきたエサをあげてみたが、まったく食《た》べない。なんとなく元気《げんき》がないようにも感《かん》じた。

(環境《かんきょう》に慣《な》れていないせいかな…)

とまどいつつも、沙織《さおり》はハリネズミに夢中《むちゅう》になった。

つぶらなひとみに、ボタンみたいな鼻《はな》。ときどき、笑《わら》っているように見《み》える顔《かお》。体《からだ》を丸《まる》めて眠《ねむ》る姿《すがた》は、赤《あか》ちゃんのようだった。

「あー、かわいい。かわいすぎる!」


飼《か》い始《はじ》めて1週間《しゅうかん》。今日《きょう》もアズールは、あまりエサを食《た》べなかった。

「どれくらいの量《りょう》を食《た》べるのが、ふつうなのかな?」

沙織《さおり》は基準《きじゅん》がわからず、アズールを購入《こうにゅう》した店《みせ》に相談《そうだん》したが、店《みせ》の人《ひと》の返事《へんじ》は「そんなもんじゃないですか」と、そっけなかった。そう言《い》われても、やっぱり気《き》になった。

沙織《さおり》は、ハリネズミを診察《しんさつ》してくれる病院《びょういん》をネットで探《さが》し、アズールを連《つ》れていった。

「うんちがゆるいようなので、おなかの調子《ちょうし》を整《ととの》える薬《くすり》を出《だ》しましょう」

(やっぱりゆるかったんだ……。うんち……)

沙織《さおり》はチクッとむねが痛《いた》んだ。

病院《びょういん》から戻《もど》り、エサに薬《くすり》を混《ま》ぜてあげた。少《すこ》し食《た》べたけど、その後《ご》もアズールの様子《ようす》は変《か》わらなかった。

(アズールの状態《じょうたい》がふつうなのか、ちがうのかが知《し》りたい)

沙織《さおり》はインターネットで、ハリネズミの飼育方法《しいくほうほう》や健康管理《けんこうかんり》について検索《けんさく》したが、ほしい情報《じょうほう》はひとつもヒットしなかった。見《み》つけたのは、

――ハリネズミがちっともなつかないから、森《もり》にはなしました。

というコメント。沙織《さおり》は、暗《くら》い気持《きも》ちになった。

(たしかに、なつかないけど、だから捨《す》てるなんて、絶対《ぜったい》にイヤ……)

まもなく、アズールは、ほとんどエサを食《た》べなくなった。

そして、飼《か》い始《はじ》めてひと月後《つきご》、アズールは夜《よる》の間《あいだ》に、ひっそり死《し》んだ。

朝《あさ》、沙織《さおり》はかたくなって動《うご》かないアズールをだき上《あ》げた。歩《ある》いているような姿《すがた》で、目《め》をあけたまま冷《つめ》たくなっていた。

「ごめんね、ごめんね、アズール」

涙《なみだ》がアズールの体《からだ》にこぼれ落《お》ちる。

（なにもしてあげられなかった。アズールの飼《か》い主《ぬし》として……）

沙織《さおり》は、小《ちい》さなアズールの顔《かお》をくり返《かえ》し、なでた。

（わたしは、ハリネズミのことをもっと知《し》らなきゃいけなかったんだ。知《し》らないで、命《いのち》を守《まも》ることなんて、できないんだ……）

数《すう》か月後《げつご》、沙織《さおり》は文具店《ぶんぐてん》でハリネズミの便箋《びんせん》に、目《め》をとめた。

(かわいい……。もう飼《か》えないって思《おも》っていたけど、やっぱり、ハリネズミと暮《く》らしたい。もっと知識《ちしき》を増《ふ》やして、命《いのち》を守《まも》る自信《じしん》をつけたい)

ふと、アズールを買《か》った店《みせ》の人《ひと》が、ハリネズミをタイから輸入《ゆにゅう》していると言《い》っていたことを、思《おも》い出《だ》した。

(ヨーロッパやロシア、アフリカにも生息《せいそく》しているって言《い》ってたし、海外《かいがい》のサイトなら、ハリネズミの情報《じょうほう》があるかもしれない)

沙織《さおり》は、英語《えいご》でハリネズミの情報《じょうほう》を検索《けんさく》した。

「あった!」

英語《えいご》を翻訳《ほんやく》しながら、飼育《しいく》のしかたを読《よ》んだ。

「そっか……。ハリネズミって、ネズミの仲間《なかま》じゃなくて、モグラの親《しん》せきなんだ。どうりで、家具《かぐ》のうしろとか、薄暗《うすぐら》いところが好《す》きなわけだ」

「環境《かんきょう》の変化《へんか》とかストレスに弱《よわ》いってことは、タイから日本《にほん》に運《はこ》ばれてきたときに、アズールは体調《たいちょう》をくずしたのかもしれないな……」

「ハリネズミは必《かなら》ずひとつのケージに1匹《びき》で飼《か》うこと。繁殖期以外《はんしょくきいがい》で、ほかのハリネズミがそばにいると、ストレスに感《かん》じて体調《たいちょう》をくずすことも。……って、たしかお店《みせ》では、ひとつのケースに複数《ふくすう》を入《い》れて飼《か》っていたっけ……」

「アズールは、ずっとストレスを感《かん》じ続《つづ》けていたのかもな……」

沙織《さおり》はハリネズミについてわかったことを、ノートに書《か》きこんでいった。

ノートが2冊目《さつめ》に入《はい》ったころ、日本国内《にほんこくない》でハリネズミを繁殖《はんしょく》させて、販売《はんばい》しているブリーダーを見《み》つけた。

沙織《さおり》は思《おも》い切《き》って、ブリーダーをたずねた。

ブリーダーの広瀬《ひろせ》さんは、沙織《さおり》を迎《むか》えると、素手《すで》でハリネズミをだき上《あ》げてみせた。

「えっ、革手袋《かわてぶくろ》しなくて、大丈夫《だいじょうぶ》なんですか？」

「うちの子《こ》は、人《ひと》に慣《な》らしてあるんです。こわがらないように、ハリネズミの顔《かお》の前《まえ》で

手《て》を見《み》せて、これからさわるよって声《こえ》をかけてから、両手《りょうて》で背中《せなか》からすくい上《あ》げるようにだくと、針《はり》を立《た》てないんです。やってみますか？」

広瀬《ひろせ》さんに教《おそ》わりながら、沙織《さおり》はハリネズミの顔《かお》の前《まえ》に手《て》を出《だ》し、さっとだき上《あ》げた。あお向《む》けにすると、手足《てあし》をちょこんとそろえて、おとなしくなる。

「わあー」

「こうやって、おなかをなでると……」

広瀬《ひろせ》さんが指先《ゆびさき》でおなかをなでると、ハリネズミは気持《きも》ちよさそうに、目《め》を細《ほそ》めた。

「かわいいー。こんなふうにハリネズミとふれ合《あ》えるなんて、知《し》りませんでした」

広瀬《ひろせ》さんがうれしそうに、うなずく。

「ハリネズミもそれぞれ性格《せいかく》があるから、同《おな》じように飼育《しいく》して、同《おな》じように慣《な》れるわけじゃないんですけどね。慣《な》れるってことは、ハリネズミに信頼《しんらい》されたってことだから、根気《こんき》よく世話《せわ》していけば、いつかふれ合《あ》えるようになりますよ」

沙織《さおり》は広瀬《ひろせ》さんから、ハリネズミの慣《な》らし方《かた》を教《おそ》わった。


❖新《あたら》しい環境《かんきょう》に慣《な》れないうちにさわると、さわられることがストレスになってしまうから、飼《か》い始《はじ》めて3日《か》ぐらいは、そっとしておく。

❖うす暗《ぐら》い小屋《こや》を用意《ようい》して、そこに飼《か》い主《ぬし》のにおいがついた衣服《いふく》の切《き》れはしなどを入《い》れておくと、ハリネズミは、安心《あんしん》できる場所《ばしょ》と飼《か》い主《ぬし》のにおいを結《むす》びつけて覚《おぼ》える。

❖手《て》でさわるのは夜《よる》、ハリネズミが起《お》きて活動《かつどう》しているときにする。

❖ハリネズミをこわがらせないために、大声《おおごえ》を出《だ》したり、急《きゅう》に手《て》を引《ひ》っこめたりしない。

❖本来《ほんらい》、神経質《しんけいしつ》でおくびょうな生《い》き物《もの》なので、やさしく接《せっ》する。


「飼《か》い主《ぬし》が針《はり》に慣《な》れないうちは、無理《むり》にだき上《あ》げないほうがいい。こちらの気持《きも》ちは、ハリネズミに伝《つた》わるから」

沙織《さおり》は、はっとした。

（わたし、アズールにこわごわさわっていた。それじゃあ、アズールも不安《ふあん》になるよね）

沙織《さおり》はそっと、ハリネズミのおなかをなでた。

（アズール、わたし、もう一度《いちど》ハリネズミを飼《か》ってもいいかな。今度《こんど》は絶対《ぜったい》に、寿命《じゅみょう》をまっとうできるように、お世話《せわ》するから）

沙織《さおり》が新《あたら》しく迎《むか》えたのは、メスのハリネズミ。「クロエ」と、名《な》づけた。

沙織《さおり》は少《すこ》しずつ、クロエを素手《すで》でさわって、慣《な》らしていった。

気持《きも》ちよさそうな顔《かお》、うれしそうな顔《かお》、おどろいた顔《かお》と、クロエはいろいろな表情《ひょうじょう》を見《み》せてくれる。

「ハリネズミって、こんなに表情《ひょうじょう》が豊《ゆた》かな生《い》き物《もの》なんだ。このかわいさを、もっと知《し》ってもらいたいな」

沙織《さおり》はクロエの様子《ようす》を写真《しゃしん》にとり、インターネットのブログで紹介《しょうかい》し始《はじ》めた。

まもなく、ブログを見《み》た人《ひと》から、コメントが書《か》きこまれるようになった。
▼ハリネズミって、人《ひと》に慣《な》れるんですね。
▼わたしも飼《か》いたくなりました。
▼家《いえ》にいたら、仕事《しごと》でつかれて帰《かえ》ったときいやされそう！
▼わたしも飼《か》おっ。ネットとかで買《か》えるかな……？
（ハリネズミのかわいさをわかってもらえたのは、うれしいけど……）

沙織《さおり》は、以前《いぜん》見《み》た〈ハリネズミがちっともなつかないから森《もり》にはなした〉というコメントを思《おも》った。

「思《おも》っていたのと、ちがっていたとならないように、健康《けんこう》で、人《ひと》に慣《な》れているハリネズミを飼《か》ってもらいたいな」

つぎの休《やす》みの日《ひ》、沙織《さおり》はエサを買《か》いに、広瀬《ひろせ》さんをたずねた。ブログのことを話《はな》すと、広瀬《ひろせ》さんはにっこり笑《わら》った。

「クロエちゃんにおむこさんを迎《むか》えて、産《う》まれた赤《あか》ちゃんを育《そだ》ててごらんよ。沙織《さおり》さんは、きっと、いいブリーダーになれると思《おも》うよ」

「えっ」

沙織《さおり》はおどろいたが、すぐに熱《あつ》い気《き》持《も》ちがわき上《あ》がってきた。

「ブリーダーに……なりたいです。なって、ハリネズミが健康《けんこう》で生《い》きていけるように、飼《か》い主《ぬし》とふれ合《あ》えるように、飼育方法《しいくほうほう》も伝《つた》えたいです！」

沙織《さおり》は、ぎゅっと両手《りょうて》をにぎりしめて言《い》った。

（アズールの死《し》をむだにしたくない。わたし、もっと勉強《べんきょう》するよ、アズール）

どうぶつからのメッセージ
沙織《さおり》ちゃん、お元気《げんき》ですか？
ぼくは体《からだ》が弱《よわ》かったから
沙織《さおり》ちゃんにたくさん心配《しんぱい》かけちゃった
あんまり遊《あそ》べなくってごめんね
もっと早《はや》く沙織《さおり》ちゃんと出会《であ》えていたら
もっといっぱい遊《あそ》べたのかな……

今《いま》、一生《いっしょう》けんめい、ぼくたちについて
勉強《べんきょう》してくれているの知《し》ってるよ
沙織《さおり》ちゃんならきっと
立派《りっぱ》なブリーダーに
なれるね
生《う》まれ変《か》わったら
また沙織《さおり》ちゃんのところに
いきたいな
そのときまで、サヨナラ――

第《だい》18〜21話《わ》 おばあちゃんとネコ

りさは小学《しょうがく》5年生《ねんせい》。近所《きんじょ》の老人《ろうじん》ホーム「あじさいホーム」で、ボランティア活動《かつどう》をしている。

ホームには、いつも決《き》まってネコの話《はなし》をする千枝《ちえ》おばあちゃんがいた。りさは千枝《ちえ》おばあちゃんの話《はなし》が大好《だいす》きで、ホームに行《い》くたびに、千枝《ちえ》おばあちゃんのネコ話《ばなし》を聞《き》いていた。りさは、いつのまにかネコが大好《だいす》きになった。

ある日《ひ》、仲《なか》よしのきみちゃんとゆりちゃんと一緒《いっしょ》に、ホームのボランティアに行《い》った。いつもネコの話《はなし》をする千枝《ちえ》おばあちゃんのことを伝《つた》えると、ふたりとも話《はなし》を聞《き》きたがるので、りさはふたりをおばあちゃんのところへ連《つ》れて行《い》った。

「あら、りさちゃん。今日《きょう》はお友《とも》だちも一緒《いっしょ》ね。ふたりともよく来《き》てくれました。

じゃあ、今日《きょう》もネコちゃんのお話《はなし》をしましょうね」

おばあちゃんがそう言《い》うと、きみちゃんがたずねた。

「どうしておばあちゃんはネコの話《はなし》ばかりするんですか？」

その質問《しつもん》、じつはりさも疑問《ぎもん》に思《おも》っていたことだった。

「じゃあ、そのお話《はなし》からしましょうね」

千枝《ちえ》おばあちゃんはゆっくりと語《かた》り始《はじ》めた。

第《だい》19話《わ》 雷《かみなり》が落《お》ちた日《ひ》

これから話《はな》すのは昭和《しょうわ》20年《ねん》、日本《にほん》が戦争《せんそう》に負《ま》けた直後《ちょくご》のお話《はなし》です。

東京《とうきょう》から地方《ちほう》のお寺《てら》に※集団疎開《しゅうだんそかい》でやってきていた女《おんな》の子《こ》がいました。歳《とし》は10歳《さい》。内気《うちき》な性格《せいかく》で、ほかの子《こ》どもたちとはあまり一緒《いっしょ》におらず、ひとりで鳥《とり》や花《はな》を見《み》ているのが好《す》きな子《こ》でした。

ある日《ひ》、女《おんな》の子《こ》が農家《のうか》に食《た》べ物《もの》をもらいに行《い》った帰《かえ》り道《みち》、田《た》んぼの奥《おく》のほうからネコの鳴《な》き声《ごえ》が聞《き》こえてきました。

女《おんな》の子《こ》が鳴《な》き声《ごえ》のするほうに行《い》ってみると、用水路《ようすいろ》にのらの子《こ》ネコが落《お》ちていました。

「かわいそうに。今《いま》、助《たす》けてやるからね」

女《おんな》の子《こ》は用水路《ようすいろ》にゆっくりおりて、動《うご》けなくなっていた子《こ》ネコを助《たす》けました。

子《こ》ネコはまるで「ありがとう」と言《い》っているかのように、ニャーニャーと何度《なんど》も鳴《な》きました。

それから、そのネコは女《おんな》の子《こ》がいるお寺《てら》にたびたび現《あらわ》れるようになりました。

食《た》べるものは少《すく》なかったけれど、ネコを見《み》かけると、女《おんな》の子《こ》は自分《じぶん》のぶんの食《た》べ物《もの》を少《すこ》しずつネコに分《わ》けあたえました。

戦争《せんそう》は終《お》わったので、お寺《てら》には子《こ》どもたちの親《おや》や親《しん》せきがつぎつぎと迎《むか》えにきて、みんな家《いえ》に帰《かえ》っていきました。

でも、2か月《げつ》たっても、3か月《げつ》たっても、その

※集団疎開《しゅうだんそかい》…第二次世界大戦《だいにじせかいたいせん》の終《お》わりごろ、戦火《せんか》をさけるため、大都市《だいとし》の児童《じどう》を集団《しゅうだん》で地方《ちほう》の農村《のうそん》に移住《いじゅう》させたこと。

女《おんな》の子《こ》にはお迎《むか》えが来《き》ません。お寺《てら》のほとんどの子《こ》がお迎《むか》えが来《き》て帰《かえ》っていったというのに……。

（お母《かあ》さん、いつ迎《むか》えに来《き》てくれるの？　早《はや》くうちに帰《かえ》りたい……）

女《おんな》の子《こ》は友《とも》だちにお迎《むか》えが来《く》るのを見《み》るたびに、心《こころ》がしめつけられるほど悲《かな》しくなりました。

ある日《ひ》、お寺《てら》の庭《にわ》の木《き》にかわいらしい小鳥《ことり》がとまっていました。女《おんな》の子《こ》が近《ちか》づくと、小鳥《ことり》はお寺《てら》の裏山《うらやま》のほうへ飛《と》んでいきました。女《おんな》の子《こ》は小鳥《ことり》を追《お》って裏山《うらやま》に入《はい》りました。

途中《とちゅう》で小鳥《ことり》を見失《みうしな》い、山道《やまみち》をとぼとぼと歩《ある》いているとき、ふと、このまま東京《とうきょう》に帰《かえ》りたい……そんな気持《きも》ちがわき上《あ》がりました。

（この山《やま》をこえて駅《えき》に出《で》れば、汽車《きしゃ》で東京《とうきょう》に帰《かえ》れるかも……）

女《おんな》の子《こ》は何時間《なんじかん》も山道《やまみち》を歩《ある》きました。

すると、あたりが急《きゅう》に暗《くら》くなり、ザーッと雨《あめ》が降《ふ》り始《はじ》めました。

雨足《あまあし》はどんどん強《つよ》くなり、寒《さむ》さとつかれと雨《あめ》……女《おんな》の子《こ》は大《おお》きな木《き》のカゲに、たおれこむように座《すわ》りました。

ゴロゴロと雷《かみなり》も鳴《な》り始《はじ》め、あたりは真《ま》っ暗《くら》。

女《おんな》の子《こ》は急《きゅう》にこわくなって泣《な》き出《だ》しました。

（……わたしこのまま死《し》んでしまうのかな……）

もう二度《にど》とお母《かあ》さんに会《あ》えないのかな……）

すると、「ニャーニャー」と、聞《き》き覚《おぼ》えのあるネコの鳴《な》き声《ごえ》が聞《き》こえてきたのです。

あの子《こ》ネコでした。ネコは力強《ちからづよ》く、しきりに何度《なんど》も鳴《な》いて、歩《ある》き始《はじ》めようとしました。

「ついてこいって言《い》ってるの？　待《ま》って！」

女《おんな》の子《こ》はネコのあとを追《お》いました。

と、そのとき、

ピカッ！ゴロゴロ……ドーン！


突然《とつぜん》地響《じひび》きのような大《おお》きな音《おと》を立《た》てて雷《かみなり》が鳴《な》り、さっきまで雨宿《あまやど》りしていた大木《たいぼく》に落《お》ちたのです。

大木《たいぼく》はさけて煙《けむり》を上《あ》げました。女《おんな》の子《こ》はびっくりして、その場《ば》に座《すわ》りこみました。

もしネコが来《き》てくれなかったら……今《いま》ごろ……。ネコが命《いのち》を助《たす》けてくれた。


女《おんな》の子《こ》は、ネコを抱《だ》きしめようとしましたが、ネコの姿《すがた》はどこにもありませんでした。

（お寺《てら》に帰《かえ》ろう……ネコが助《たす》けてくれた命《いのち》、大《たい》切《せつ》にしよう）

雨《あめ》がやみ、空《そら》が明《あか》るくなってくると女《おんな》の子《こ》はお寺《てら》へと戻《もど》りました。

それからまもなく、女《おんな》の子《こ》のお母《かあ》さんが迎《むか》えにきて、女《おんな》の子《こ》は東京《とうきょう》に無事《ぶじ》に帰《かえ》ることができました。


じつはね、ネコに命《いのち》を助《たす》けられたその女《おんな》の子《こ》は、千枝《ちえ》おばあちゃんなのよ。

ネコへの感謝《かんしゃ》の気持《きも》ちから、ネコの話《はなし》をするようになったのよ。

そして今日《きょう》もこうして、りさちゃんたちにお話《はなし》をしているのですよ。

第《だい》20話《わ》

ネコと大《おお》ヘビ

宮城県《みやぎけん》の民話《みんわ》

あるおかみさんがネコを一匹《びき》飼《か》って暮《く》らしていた。だんなさんは仕事《しごと》で家《いえ》にいないことが多《おお》く、おかみさんはいつもネコと一緒《いっしょ》にいた。

そのせいか、毎晩《まいばん》おかみさんがはなれにある便所《べんじょ》に行《い》くときも、必《かなら》ずネコはあとをついてきて、便所《べんじょ》の前《まえ》でおかみさんが出《で》るのを待《ま》っていた。

ある夏《なつ》の夜《よる》、ネコは便所《べんじょ》の中《なか》まで入《はい》ってくるようになった。

（はて……。なんで便所《べんじょ》の中《なか》までついてくるんだろ……）

最初《さいしょ》はガマンしていたおかみさんも、それが毎晩《まいばん》のように続《つづ》くと、だんだんイヤ気《け》がさしてきた。おかみさんは、ネコの首《くび》をつまみ、ポイッと外《そと》に出《だ》した。

すると、「ニャーッ」というネコの大《おお》きなうなり声《こえ》が……。どうしたんだろうと、外《そと》の様子《ようす》を便所《べんじょ》の窓《まど》からうかがってみると、ネコが便所《べんじょ》の屋根《やね》の上《うえ》にある太《ふと》い木《き》にサーッとすばやく登《のぼ》っ

ていくのが見《み》えた。

それから「シャー！」というネコの鳴《な》き声《ごえ》がした。ものすごい剣幕《けんまく》だった。……と、すぐさまネコは生《お》いしげった葉《は》の中《なか》に飛《と》びこみ、姿《すがた》が見《み》えなくなった。

木《き》がゆっさゆっさと大《おお》きくゆれ、うなり声《ごえ》だけがあたりに響《ひび》く。

しばらくたってドスンッと大《おお》きな音《おと》がして、その少《すこ》しあとでまたドンという音《おと》がした。

おかみさんはこわくて戸《と》をあけることができず、一晩中便所《ひとばんじゅうべんじょ》の中《なか》でふるえていた。

夜《よる》が明《あ》け、おそるおそる戸《と》をあけると、見《み》たこともないような大《おお》きなヘビが死《し》んでいた。

そしてそばにはかわいがっていたネコがたおれていた。あの音《おと》は、このヘビとネコが木《き》から落《お》ちた音《おと》だった。

だんなさんが帰《かえ》ってきて、この話《はなし》をすると、夏《なつ》になると山《やま》からおりてきて、人《ひと》をおそう大《おお》ヘビがいるから気《き》をつけるよう村人《むらびと》に言《い》われたというのだ。

「ネコは、便所《べんじょ》の木《き》の上《うえ》からお前《まえ》の命《いのち》をねらっているヘビに気《き》づいて、お前《まえ》の命《いのち》を守《まも》ろうとしてくれていたんだろう」

と、だんなさんは言《い》った。

「そうとも知《し》らずに、便所《べんじょ》の中《なか》に入《はい》ってきたネコをじゃけんにして、外《そと》に追《お》い出《だ》してしまった……」

と、おかみさんは泣《な》きながら言《い》った。

だんなさんはおかみさんを守《まも》ってくれた感謝《かんしゃ》の気持《きも》ちから、お坊《ぼう》さんを呼《よ》んでネコをていねいに供養《くよう》した。そしてふたりともネコのことを忘《わす》れなかった。いつまでもいつまでも……。

第《だい》21話《わ》

ネコ檀《だん》家《か》

岩手県《いわてけん》の民話《みんわ》

あるとても貧乏《びんぼう》なお寺《てら》に、年老《としお》いた和尚《おしょう》さんがいた。和尚《おしょう》さんは三毛猫《みけねこ》を飼《か》っていた。

天気《てんき》のよい日《ひ》は縁側《えんがわ》で三毛猫《みけねこ》をひざにのせ、寒《さむ》い日《ひ》はふとんに入《い》れてあげるなど、家族《かぞく》がいない和尚《おしょう》さんは、まるで自分《じぶん》の子《こ》どものように大事《だいじ》に三毛猫《みけねこ》を育《そだ》てていた。

ある日《ひ》、和尚《おしょう》さんが昼寝《ひるね》をしていると、まくらもとに三毛猫《みけねこ》がやってきて、人間《にんげん》の言葉《ことば》でこう言《い》った。

「長《なが》いこと育《そだ》ててもらって、わたしもとうとう化《ば》ける年《とし》になってしまいました。ここらで寺《てら》を出《で》て、和尚《おしょう》さんに恩返《おんがえ》しがしたいのです」

和尚《おしょう》さんはネコが人間《にんげん》の言葉《ことば》を話《はな》すわけがないから、これはきっと夢《ゆめ》なのだろうとも思《おも》ったが、ネコの謙虚《けんきょ》な様子《ようす》に心《こころ》を打《う》たれ、

「そうか……お前《まえ》がどうしても出《で》ていくというならとめはせんよ」

と言《い》って、また寝《ね》てしまった。

それから三毛猫《みけねこ》の姿《すがた》は見《み》えなくなってしまった。まだ寺《てら》が栄《さか》えていたころ、いつも和尚《おしょう》さんのそばにいた三毛猫《みけねこ》だったので、和尚《おしょう》さんはとてもさびしくなり、毎日《まいにち》ため息《いき》ばかりついていた。

しばらくして、和尚《おしょう》さんは近《ちか》くの村《むら》で、このあたり一番《いちばん》の大金持《おおがねも》ちの長者《ちょうじゃ》が亡《な》くなった、といううわさを耳《みみ》にした。

たいそう立派《りっぱ》な葬式《そうしき》をしようとするのだけれど、そのたびに大雨《おおあめ》や雷《かみなり》やら、しまいには大嵐《おおあらし》で葬式《そうしき》ができず家《いえ》の人《ひと》たちが困《こま》っていると……。

そんなある日《ひ》、あの三毛猫《みけねこ》がふいに帰《かえ》ってきて

「長者《ちょうじゃ》のご隠居《いんきょ》が死《し》なれ、葬式《そうしき》ができずに困《こま》っています。和尚《おしょう》さんが行《い》って、葬式《そうしき》を出《だ》してやってください。きっとうまくいきますから」

と言《い》って、まだどこかに行《い》ってしまった。

三毛猫《みけねこ》の言《い》うとおり、和尚《おしょう》さんは長者《ちょうじゃ》の家《いえ》まで出《で》かけていって、自分《じぶん》に葬式《そうしき》をさせてもらえないかと頼《たの》んだ。

年寄《としよ》りで見《み》るからに貧乏《びんぼう》そうな和尚《おしょう》さんだったので、家《いえ》の人《ひと》たちは不安《ふあん》に思《おも》ったけれど、どんなにえらいお坊《ぼう》さんでも今《いま》まで無理《むり》だったのだから、とにかくやってもらおうということになり、和尚《おしょう》さんにお経《きょう》をあげてもらうことにした。

すると、嵐《あらし》はやみ、急《きゅう》に天気《てんき》がよくなって、今《いま》まで天候《てんこう》にじゃまされ続《つづ》けてきた葬式《そうしき》を無事《ぶじ》にすませることができた。

家《いえ》の人《ひと》は大満足《だいまんぞく》。和尚《おしょう》さんの評判《ひょうばん》は遠《とお》くの町《まち》まで広《ひろ》まるほどになって、多《おお》くの参詣者《さんけいしゃ》がこの寺《てら》を訪《おとず》れるようになり、この寺《てら》の※檀家《だんか》になった。

それからしばらくして和尚《おしょう》さんは寺《てら》を建《た》てかえ、昔《むかし》のように寺《てら》は栄《さか》えた。そして和尚《おしょう》さんは余生《よせい》を幸《しあわ》せに暮《く》らせたのだそうだ。

※檀家《だんか》…特定《とくてい》の寺《てら》を、お供《そな》えや寄付《きふ》などで支援《しえん》する家《いえ》のこと。

第《だい》22話《わ》

六《ろく》太《た》がつないでくれた縁《えん》

突然《とつぜん》わが家《や》にやって来《き》た六太《ろくた》。
わたしたちに
多《おお》くのものをあたえてくれた。

「ただいま」

亮平《りょうへい》がゴールデン・レトリバーとともに居間《いま》に入《はい》ると、父親《ちちおや》の辰夫《たつお》が顔《かお》をしかめた。

「久《ひさ》しぶりに帰《かえ》ってきたと思《おも》ったら、なんだ、その犬《いぬ》は?」

亮平《りょうへい》が「えっ」とあわてて、母親《ははおや》の美《み》代子《よこ》を見《み》る。

美代子《みよこ》は、困《こま》った顔《かお》をした。

「えっとね、まだお父《とう》さんには話《はな》してな

いのよ」

「なんだ？」

辰夫《たつお》に聞《き》かれて、亮平《りょうへい》はまじめに答《こた》えた。

「こいつ、六太《ろくた》っていうんだけど、預《あず》かってもらいたいんだ。おふくろには、ＯＫ《オーケー》もらってるんだけど……」

「途中《とちゅう》で飼《か》えなくなったから親《おや》に頼《たの》むなんて、無責任《むせきにん》だな」

亮平《りょうへい》は、むっとした。

「おやじは、いつもオレの話《はなし》をよく聞《き》かないで、決《き》めつけるよな」

大学受験《だいがくじゅけん》のころ、父《ちち》と言《い》い争《あらそ》ったことが頭《あたま》をよぎり、とげとげしい言《い》い方《かた》になる。

「オレ、海外《かいがい》に転勤《てんきん》すんだよ。六太《ろくた》を慣《な》れない場所《ばしょ》に連《つ》れていきたくないんだ」

「どこへ行《い》くんだ？」

「スウェーデン」

辰夫《たつお》の表情《ひょうじょう》がさっと、かげった。

「遠《とお》いな……」

さびしげな声《こえ》に、亮平《りょうへい》はっとした。以前《いぜん》なら、そんな弱々《よわよわ》しいことは言《い》わなかったのに……。

「急《きゅう》にごめん……。でも、六太《ろくた》はおだやかで、かわいいよ。ちゃんとしつけてあるから、おやじとおふくろでも世話《せわ》ができると思《おも》う。どうか、よろしくお願《ねが》いします」

亮平《りょうへい》が頭《あたま》を下《さ》げると、美代子《みよこ》が助《たす》け舟《ぶね》を出《だ》すように言《い》った。

「お父《とう》さん、仕事《しごと》をやめてから運動不足《うんどうぶそく》だって言《い》ってるじゃない。犬《いぬ》の散歩《さんぽ》をするようになれば、運《うん》動《どう》になっていいでしょ？」

辰夫《たつお》は少《すこ》し考《かんが》えて、うなずいた。

「そうだな、そうするか」

亮平《りょうへい》がふーっと、息《いき》をついた。

「よかった。ありがとう」

それから金曜日《きんようび》、土曜日《どようび》と、亮平《りょうへい》は家《いえ》にとまった。

持《も》ってきたケージやリードなどの飼育《しいく》グッズを車《くるま》からおろし、六太《ろくた》が暮《く》らす環境《かんきょう》を整《ととの》えて、世話《せわ》のしかたを両親《りょうしん》に教《おし》えた。

六太《ろくた》はこのタオルのボールが好《す》きだから、寝《ね》る場所《ばしょ》に置《お》いてやって。

ほめるときは、あごをなでてやるとよろこぶんだ。

ドッグフードはこのメーカーのものしか食《た》べなくて、おやつはササミが好物《こうぶつ》!

「クウーン」って鳴《な》くときは、あまえたいとき。散歩《さんぽ》に行《い》きたくなったら、リードをくわえて玄関《げんかん》の前《まえ》で座《すわ》って待《ま》つこともあるよ。

こまごまと説明《せつめい》したあと、亮平《りょうへい》は六太《ろくた》をなでながら言《い》った。

「六太《ろくた》は、5年前《ねんまえ》に飼《か》い始《はじ》めたんだ。就職《しゅうしょく》してアパートからマンションに引《ひ》っ越《こ》したとき、保護犬《ほごけん》だった六太《ろくた》を引《ひ》き取《と》った。六太《ろくた》はつらい思《おも》いをしたやつだから、二度《にど》とさびしい思《おも》いをさせたくないんだよ」

辰夫《たつお》は思《おも》いがけずむねをつかれて、とまどった。

(亮平《りょうへい》は思《おも》いつきだけで行動《こうどう》しているように見《み》えていたが、亮平《りょうへい》なりに考《かんが》えているんだな。成長《せいちょう》したもんだ……)

そして、日曜日《にちようび》の夜《よる》。

「六太《ろくた》。休《やす》みには戻《もど》ってくるからな。元気《げんき》にしてるんだぞ」

亮平《りょうへい》は六太《ろくた》をだきしめ、両親《りょうしん》の顔《かお》を見《み》た。

「それじゃあ、頼《たの》んだよ」

「体《からだ》に気《き》をつけてね」

美代子《みよこ》が、車《くるま》に乗《の》りこむ亮平《りょうへい》に声《こえ》をかける。

辰夫《たつお》は六太《ろくた》のリードを持《も》って、走《はし》り去《さ》る車《くるま》を見送《みおく》った。


それから、辰夫《たつお》と美代子《みよこ》は連《つ》れだって、六太《ろくた》の散歩《さんぽ》をするようになった。

日《ひ》ごろはあまり行《い》かない、丘《おか》の上《うえ》の公園《こうえん》をめぐるコースだ。

公園《こうえん》には芝生広場《しばふひろば》や遊具《ゆうぐ》のあるわんぱく広場《ひろば》、ドッグランに、バーベキュー場《じょう》もある。

亮平《りょうへい》が幼《おさな》いころ、辰夫《たつお》が休《やす》みの日《ひ》には、この公園《こうえん》でよく遊《あそ》んだものだった。

「ふふ、亮平《りょうへい》みたいね」

美代子《みよこ》がすべり台《だい》ですべっている子《こ》を見《み》つめると、辰夫《たつお》も目《め》を細《ほそ》めた。

「もう1回《かい》、もう1回《かい》……帰《かえ》りたくないって。よくだだをこねたな」

ほんの数年前《すうねんまえ》のように思《おも》えるのに、亮平《りょうへい》は海外《かいがい》で働《はたら》くほど大人《おとな》になった。

あれから毎週末《まいしゅうまつ》、亮平《りょうへい》からテレビ電話《でんわ》が来《く》るようになった。

(電話《でんわ》なんて、ほとんどかけてこなかったのに、よほど六太《ろくた》が心配《しんぱい》なんだな)

辰夫《たつお》たちが散策路《さんさくろ》を歩《ある》いていくと、小《ちい》さな男《おとこ》の子《こ》が声《こえ》を上《あ》げた。

「あっ、ろくちゃん！」

この公園《こうえん》に来《く》るようになって知《し》り合《あ》った、犬友《いぬとも》だちだ。

「やあ、幸太郎《こうたろう》くん」

辰夫《たつお》が応《こた》えると、幸太郎《こうたろう》くんはパタパタとかけ寄《よ》って、六太《ろくた》をなでた。

あとから、幸太郎《こうたろう》くんの母親《ははおや》がミニチュアダックスを連《つ》れてきた。

「こんにちはー、ろくちゃんパパ、ママ」

「こんにちは、コロンちゃんママ」

辰夫《たつお》と美代子《みよこ》も、あいさつする。

ほかにも、犬《いぬ》を連《つ》れた人《ひと》たちが集《あつ》まってきて、犬《いぬ》の世話《せわ》のしかたやエサの話《はなし》、健康《けんこう》の話《はなし》になった。

しばし雑談《ざつだん》をして、それぞれの散歩《さんぽ》に戻《もど》っていく。

「ろくちゃん、また明日《あした》ねー」

幸太郎《こうたろう》くんが手《て》をふり、辰夫《たつお》と美代子《みよこ》も手《て》をふった。

帰《かえ》りながら、辰夫《たつお》は六太《ろくた》に話《はな》しかけた。

「おい、六太《ろくた》。亮平《りょうへい》も幸太郎《こうたろう》くんみたいに無邪気《むじゃき》だったころがあったんだぞ」

六太《ろくた》はパタパタとしっぽをふって、辰夫《たつお》を見上《みあ》げた。

1年《ねん》ほどたったある日《ひ》――。

ゴンッ！

六太《ろくた》がダイニングテーブルの足《あし》に、頭《あたま》をぶつけた。

（犬《いぬ》でも、うっかり頭《あたま》をぶつけたりするんだな）

辰夫《たつお》はさほど気《き》にしなかった。

しかし数日後《すうじつご》、六太《ろくた》は寝室《しんしつ》のある2階《かい》の部屋《へや》からおりるとき、階段《かいだん》の前《まえ》で立《た》ち止《ど》まって、おりようとしなくなった。

「どうした、六太《ろくた》」

「どこか具合《ぐあい》が悪《わる》いのかしら？」

ふたりは、六太《ろくた》を動物病院《どうぶつびょういん》へ連《つ》れていった。

獣医《じゅうい》さんは六太《ろくた》を診察《しんさつ》すると、静《しず》かに言《い》った。

「老化《ろうか》ですね。年《とし》をとってくると、目《め》や耳《みみ》、鼻《はな》の感覚《かんかく》がにぶくなるので、自分《じぶん》とまわりの距離感《きょりかん》がつかみにくくなるんです。足《あし》も弱《よわ》ってきていますから、階段《かいだん》をおりるとき、体《からだ》を支《ささ》えるのがむずかしくなっているのでしょう。できるだけ、六太《ろくた》くんが暮《く》らしやすい環境《かんきょう》を整《ととの》えてあげてください」

「老化《ろうか》……」

辰夫《たつお》は、ショックを受《う》けた。

（六太《ろくた》を引《ひ》き受《う》けてまだ1年《ねん》だ。別《わか》れなんて考《かんが》えたくない。六太《ろくた》には少《すこ》しでも長《なが》く生《い》きてもらいたい）

辰夫《たつお》は、ぐっと手《て》をにぎりしめた。

（できることは、すべてしよう！）

ふたりは、六太《ろくた》の寝《ね》る場所《ばしょ》を2階《かい》から1階《かい》の部屋《へや》に移《うつ》し、ぶつかってもケガをしないように、テーブルの足《あし》や出《で》っ張《ぱ》った家具《かぐ》などに、コーナークッションをつけたり、フローリングですべらないように、カーペットをしいたりした。

「これで家《いえ》の中《なか》では大丈夫《だいじょうぶ》だろう」

辰夫《たつお》は、リードを見《み》た。

「散歩《さんぽ》は、どうしようか？」

美代子《みよこ》が答《こた》える。

「お医者《いしゃ》さんは、足《あし》の力《ちから》がおとろえないようにするためにも、できる範囲《はんい》で散歩《さんぽ》を続《つづ》けたほうがいいと、言《い》っていましたけどねえ」

「公園《こうえん》まで行《い》くのは負担《ふたん》かもしれないな。家《いえ》のまわりだけにしようか」

それから、夫婦《ふうふ》と六太《ろくた》は、散歩《さんぽ》のコースを負担《ふたん》の少《すく》ない家周辺《いえしゅうへん》に変更《へんこう》した。

美代子《みよこ》が、つぶやくように言《い》った。

「なんか、さびしいわね」

「まあ、そのうち、慣《な》れるだろう」


2週間後《しゅうかんご》、夫婦《ふうふ》と六太《ろくた》が散歩《さんぽ》をしていると、

「ろくちゃーん！」

うしろから、幸太郎《こうたろう》くんが走《はし》ってきた。

六太《ろくた》はコロンに会《あ》って、大喜《おおよろこ》び。しっぽをふって、じゃれ合《あ》った。

幸太郎《こうたろう》くんの母親《ははおや》が、辰夫《たつお》と美代子《みよこ》に言《い》った。

「幸太郎《こうたろう》、ろくちゃんのこと心配《しんぱい》してたんです」

散歩《さんぽ》から帰《かえ》ると、辰夫《たつお》は考《かんが》えた。

（六太《ろくた》、幸太郎《こうたろう》くんやコロンに会《あ》えてうれしそうだった。やっぱり、公園《こうえん》まで連《つ》れていってやりたい……）

つぎの日《ひ》、辰夫《たつお》はリヤカーを買《か》い、六《ろく》太《た》をだっこして乗《の》せた。

長《なが》い道《みち》のりを歩《ある》くのは大変《たいへん》だが、公園《こうえん》まで連《つ》れていっておろせば、ほかの犬《いぬ》たちともふれ合《あ》えるだろうと考《かんが》えたのだ。

辰夫《たつお》はリヤカーをひき、美代子《みよこ》が横《よこ》について、公園《こうえん》へ行《い》った。

公園《こうえん》で六太《ろくた》をおろすと、いつもの犬友《いぬとも》だちが集《あつ》まってきた。

「ろくちゃーん！」

幸太郎《こうたろう》くんにコロン、それにほかの犬《いぬ》たちと会《あ》って、六太《ろくた》はうれしそうに、ぶんぶんしっぽをふった。

辰夫《たつお》は六太《ろくた》が喜《よろこ》ぶ姿《すがた》を見《み》て、むねがいっぱいになった。

「やっぱり、連《つ》れてきてよかった……」


そして1年後《ねんご》、六太《ろくた》は静《しず》かに息《いき》を引《ひ》き取《と》った。

夕方《ゆうがた》、辰夫《たつお》は美代子《みよこ》に言《い》った。

「みんなに会《あ》いにいこう」

いつものようにリヤカーをひいて公園《こうえん》に向《む》かった。

六太《ろくた》の乗《の》っていない空《から》っぽのリヤカーは軽《かる》く、カラカラというタイヤの音《おと》だけが響《ひび》いていた。

リヤカーを見《み》て、幸太郎《こうたろう》くんがきょとんとした。

「あれ、ろくちゃんは？」

「今朝《けさ》ね、天国《てんごく》に旅立《たびだ》ったよ」

いない理由《りゆう》を聞《き》いたとたん、幸太郎《こうたろう》くんの目《め》に涙《なみだ》がたまった。

「ろくちゃん……」

犬友《いぬとも》だちも、涙《なみだ》をこぼした。

やさしい言葉《ことば》をかけてもらい、辰夫《たつお》の目《め》から涙《なみだ》があふれ出《で》た。

（六太《ろくた》、おまえはわたしたちにあたたかい縁《えん》を残《のこ》してくれた。ありがとう、本当《ほんとう》にありがとう……）

その夜《よる》、辰夫《たつお》は初《はじ》めて自分《じぶん》から亮平《りょうへい》に

電話《でんわ》をかけた。

「六太《ろくた》が……死《し》んでしまった。すまない……」

少《すこ》し間《ま》があいて、亮平《りょうへい》が応《こた》えた。

「なんでおやじが謝《あやま》るんだよ。25キロもある六太《ろくた》を、毎日《まいにち》リヤカーに乗《の》せて公園《こうえん》まで連《つ》れて行《い》ってくれて――…。オレでは、そんなに手《て》をつくしてやれなかったと思《おも》う……。六太《ろくた》は幸《しあわ》せだったよ。かわいがってくれてありがとう」

辰夫《たつお》は目《め》をうるませた。

「いや、わたしたちが六太《ろくた》に幸《しあわ》せをもらったんだよ」

「く……」

受話器《じゅわき》からすすり泣《な》く声《こえ》が聞《き》こえてくる。

「六太《ろくた》は苦《くる》しまなかった？　最後《さいご》に六太《ろくた》をだきしめたかったよ――」

亮平《りょうへい》の声《こえ》を、辰夫《たつお》は涙《なみだ》をぬぐいながら、だまって聞《き》いた。

どうぶつからのメッセージ

亮平《りょうへい》は、ぼくに
居場所《いばしょ》をつくってくれた

お父《とう》さん、お母《かあ》さんは、
ぼくを亮平《りょうへい》って呼《よ》んだり
亮平《りょうへい》を六太《ろくた》って呼《よ》んだりして
よく笑《わら》ってたね

ぼくは、
家族《かぞく》の一員《いちいん》に
なれた気《き》がして
とてもうれしかったよ
みんなありがとう

第《だい》23話《わ》　そばにいるからね

セラピー犬《けん》ムギとの出会《であ》いから
病気《びょうき》を乗《の》り越《こ》えたはるか。
4年後《ねんご》、思《おも》わぬ人《ひと》と再会《さいかい》するが……。

（ここ、どこだっけ？）

眠《ねむ》りから覚《さ》めたわたしは、ぼんやりと白《しろ》い天井《てんじょう》を見《み》た。

（そっか。病院《びょういん》だ……）

ため息《いき》がもれる。

わたしは小《ちい》さいころから、入退院《にゅうたいいん》をくり返《かえ》してきた。

病院《びょういん》のベッドで起《お》きて、食事《しょくじ》をして、薬《くすり》を飲《の》んで、検査《けんさ》して、点滴《てんてき》をして、調子《ちょうし》がよければ院内学級《いんないがっきゅう》で勉強《べんきょう》して、また寝《ね》て――。

今回《こんかい》の治療《ちりょう》は、いつも以上《いじょう》にきつい。なのに、なかなか効果《こうか》が出《で》ない。

つらいのは退院《たいいん》までと自分《じぶん》に言《い》い聞《き》かせているけど、ちっとも退院《たいいん》できそうにない。

でも泣《な》きごとは言《い》えない。

病院《びょういん》がイヤだなんて、言《い》ってはいけない。

だってわたしの具合《ぐあい》が悪《わる》くなると、お母《かあ》さん、お父《とう》さんの表情《ひょうじょう》が暗《くら》くなるから。お母《かあ》さん、お父《とう》さんに大変《たいへん》な思《おも》いをさせてしまっている……。

具合《ぐあい》が悪《わる》くなると、不安《ふあん》が大《おお》きくなる。

（わたしのからだ、どうなっているんだろう。これから、どうなるんだろう……）

不安《ふあん》を心《こころ》の底《そこ》に閉《と》じこめるため、わたしは布団《ふとん》にもぐり、ぎゅっと体《からだ》を縮《ちぢ》めた。

すると、看護師《かんごし》さんが、わたしをのぞきこんだ。

「はるかちゃんは、犬《いぬ》、好《す》き？」

突然《とつぜん》の質問《しつもん》に、わたしは「え？」と顔《かお》を上《あ》げた。

「きらいではないけど……」

「よかった。じゃあ、行《い》こう！」

「え、え？」

とまどうわたしを看護師《かんごし》さんがだき起《お》こし、そのまま、ろうかに連《つ》れ出《だ》す。つきあたりの休《きゅう》けい室《しつ》に入《はい》ると、そこには5頭《とう》の犬《いぬ》がいた。

どの犬《いぬ》もリードを持《も》った人《ひと》の横《よこ》に、おとなしく座《すわ》っている。

「はるかちゃんが、来《き》ましたよー」

看護師《かんごし》さんが言《い》うと、ひとりの女性《じょせい》が、ピンと耳《みみ》を立《た》てた茶色《ちゃいろ》い犬《いぬ》を連《つ》れてきた。

「こんにちは。はるかちゃん。わたしはハンドラーの松田《まつだ》です。この子《こ》は、ムギってい

います」

ムギがわたしを見上《みあ》げた。茶色《ちゃいろ》がかったひとみがじっと、わたしを見《み》つめる。

わたしはその瞳《ひとみ》に吸《す》い寄《よ》せられるようにしゃがんで、ムギにふれた。

ふんわり、やわらかくて、あたたかい。

看護師《かんごし》さんが言《い》った。

「セラピードッグといってね、多《おお》くの人《ひと》と接《せっ》したり、さわられたりしても、おとなしくいるトレーニングを受《う》けているのよ」

「へえー」

わたしはかるく聞《き》き流《なが》して、ベッドに戻《もど》った。

自分《じぶん》のことでいっぱいで、ほかのことには興味《きょうみ》がわかなかった。

それから、ムギたちセラピードッグは、週《しゅう》に1回《かい》やってきた。

セラピードッグが来《く》るのを楽《たの》しみに待《ま》っている子《こ》もいたけど、わたしはそれほどでもなかった。だけど、なんとなく気《き》にはなって、毎回《まいかい》、ちょこっとムギをなでにいった。

ムギは、わたしの顔《かお》を見《み》ると、パタパタしっぽをふった。

「よかった、はるかちゃんが来《き》てくれて。ムギ、待《ま》ってたのよ」

松田《まつだ》さんの言葉《ことば》は少《すこ》しだけ、わたしの気持《きも》ちをほぐしてくれた。

ムギはわたしを、好《す》きになってくれたの？

そう思《おも》うと、つらくて苦《くる》しい気持《きも》ちが、少《すこ》し楽《らく》になった。


治療《ちりょう》の効果《こうか》が出《で》ないまま2か月《げつ》がたったころ、お医者《いしゃ》さんが言《い》った。

「手術《しゅじゅつ》しましょう」

「え……」

ずしんと、重《おも》いものが心《こころ》にのしかかる。

（こんなにがんばっているのに、まだがんばらなきゃいけないの？）

「……やだ」

ひと言《こと》つぶやいたとたん、おさえていた気持《きも》ちがわっと、あふれ出《で》た。

「やだよ。もう、がんばれない」

お母《かあ》さんが、困《こま》った顔《かお》をした。

「大丈夫《だいじょうぶ》。手術《しゅじゅつ》をしたら、よくなるから」

「適当《てきとう》なこと、言《い》わないでよ!!」

わたしは、まくらにつっぷした。


午後《ごご》、ムギがベッドのそばに来《き》た。わたしは横《よこ》になったまま、ムギを見《み》た。

「そっか。今日《きょう》は訪問日《ほうもんび》だったね」

松田《まつだ》さんが、ほほ笑《え》んだ。

「ムギが、はるかちゃんに会《あ》いたいって言《い》うから、病室《びょうしつ》まで来《き》ちゃった」

ムギがベッドに前足《まえあし》をかけて、わたしのほおのあたりに顔《かお》を寄《よ》せた。

（なぐさめてくれているの？）

わたしの目《め》からつーっと、涙《なみだ》が流《なが》れた。

お母《かあ》さんに、八《や》つ当《あ》たりした。つらいのは、わたしだけじゃないって、わかっているのに……。

「ムギは、やさしいね」

わたしは起《お》き上《あ》がると、ムギをだきしめた。

元気《げんき》になりたい。お母《かあ》さんとお父《とう》さんを笑顔《えがお》にしたい。

「わたし、もう少《すこ》しがんばってみる」

手術《しゅじゅつ》の日《ひ》、訪問日《ほうもんび》ではないのに、ムギが病室《びょうしつ》にやってきた。

「ムギ！」

わたしが声《こえ》を上《あ》げると、松田《まつだ》さんがやさしく言《い》った。

「手術《しゅじゅつ》が始《はじ》まるまで、ムギがそばにいるからね」

「よかったね、はるか」

お母《かあ》さんの言葉《ことば》に、わたしはこく、こく、うなずいた。

それから看護師《かんごし》さんが迎《むか》えにきて、わたしは処置室《しょちしつ》に行《い》った。ムギが一緒《いっしょ》に歩《ある》いてくれる。

診察台《しんさつだい》に横《よこ》になると、

ドクンドクン。

心臓《しんぞう》の音《おと》が大《おお》きくなった。

「ムギ、そばにいて……」

手《て》を伸《の》ばすと、ムギの毛《け》にふれた。ぬくもりに、ほっとする。

まもなく麻酔《ますい》が効《き》いて、わたしは意識《いしき》をなくした。


手術《しゅじゅつ》は成功《せいこう》し、順調《じゅんちょう》に回復《かいふく》したわたしは、2週間後《しゅうかんご》に退院《たいいん》した。

ときどきムギを思《おも》い出《だ》したものの、学校《がっこう》や塾《じゅく》でいそがしく、会《あ》う機会《きかい》がないまま4年《ねん》が過《す》ぎた。

高校《こうこう》に入学《にゅうがく》して3か月《げつ》がたったころ、クラスの友《とも》だちが言《い》った。

「今日《きょう》の帰《かえ》り、どうぶつフェスに行《い》かない？」

「どうぶつフェスって、何《なに》？」

「犬《いぬ》とネコのグッズ販売《はんばい》とか、どうぶつの写真《しゃしん》コンテストとか、いろいろな企画《きかく》があるんだって。わたし、買《か》いたいグッズがあるの」

「へえ～。うん、いいよ。行《い》こう」

駅近《えきちか》くのビルのホールに入《はい》ると、ステージのまわりに、いろいろなグッズを売《う》っているブースや、パネルを展示《てんじ》しているコーナーがあった。

ながめながら歩《ある》いていると、友《とも》だちが声《こえ》を上《あ》げた。

「あった！　あのネコのT《ティー》シャツが欲《ほ》しかったんだ」

友《とも》だちが、ブースのひとつに向《む》かっていく。わたしもあとについていくと、ステージのまわりで、拍手《はくしゅ》がおきた。

犬《いぬ》を連《つ》れた人《ひと》が、ステージに上《あ》がる。

「こんにちは。わたしたちは、アニマルセラピー活動《かつどう》をおこなっている団体《だんたい》です。この子《こ》は、セラピードッグのまりもです」

わたしの体《からだ》が、ピクッと反応《はんのう》した。

ムギがいた団体名《だんたいめい》は知《し》らなかったけど、その人《ひと》たちが着《き》ている黄色《きいろ》いT《ティー》シャツに、見《み》覚《おぼ》えがあった。

「そちらのブースに、わたしたちの活動《かつどう》を説明《せつめい》するパンフレットを置《お》いています」

わたしは無意識《むいしき》にブースに向《む》かってかけだしていた。

「あのっ！　わたし、県立病院《けんりつびょういん》に入院《にゅういん》していたとき、セラピードッグに助《たす》けてもらったんです！」

ブースにいた女《おんな》の人《ひと》が、ふり返《かえ》った。

「松田《まつだ》さん！」

「はるかちゃん⁉　こんなに大《おお》きくなって！」

松田《まつだ》さんが笑顔《えがお》で、わたしの手《て》をにぎった。

わたしも、松田《まつだ》さんの手《て》をにぎり返《かえ》した。

「ムギは元気《げんき》ですか？」

松田《まつだ》さんの表情《ひょうじょう》がさっとくもる。

「ムギは去年《きょねん》、死《し》んじゃったのよ」

「え……」

わたしは息《いき》を飲《の》んだ。

松田《まつだ》さんがあわてて、むねの前《まえ》で手《て》をふった。

「あ、病気《びょうき》じゃないよ。寿命《じゅみょう》をまっとうしたの」

「寿命《じゅみょう》……」

「寿命《じゅみょう》をまっとうできるのは、幸《しあわ》せよ。ムギは人《ひと》に捨《す》てられて保護《ほご》された犬《いぬ》だったから、寿命《じゅみょう》まで生《い》きられなかった可能性《かのうせい》もあったの」

わたしは、聞《き》きなおした。

「捨《す》てられた？」

「ええ。悲《かな》しい思《おも》いをしたせいか、人《ひと》の気持《きも》ちがよくわかるコだった」

（ムギは人《ひと》に裏切《うらぎ》られたのに、人《ひと》を救《すく》っていたの？

いつもそっと、わたしに寄《よ》りそって、気持《きも》ちを楽《らく》にしてくれた。

わたしを好《す》きだと、全身《ぜんしん》で表《あらわ》してくれた――）

「わたし、ムギにはげましてもらうばかりで……、なにも返《かえ》してない。せめてお礼《れい》を言《い》いたかった。すぐに会《あ》いにいけばよかった……」

声《こえ》がふるえて、言葉《ことば》が続《つづ》かない。

松田《まつだ》さんが、うなずいた。

「大丈夫《だいじょうぶ》。ムギは、はるかちゃんの気持《きも》ちを、受《う》け取《と》ってたよ。ムギの望《のぞ》みは人《ひと》とふれ合《あ》うことだったから、はるかちゃんと一緒《いっしょ》にいられたこと、はるかちゃんが笑顔《えがお》になれたことが、ムギにはごほうびだったの」

あたたかいものが、むねに広《ひろ》がっていく。

わたしはしばらく、ムギとの日々《ひび》を思《おも》い出《だ》して、泣《な》いた。


それから、わたしは休《やす》みの日《ひ》に、セラピードッグの育成施設《いくせいしせつ》をたずねるようになった。

育成施設《いくせいしせつ》では、スタッフが保護犬《ほごけん》を飼育《しいく》、トレーニングしたり、希望《きぼう》する飼《か》い主《ぬし》が飼《か》い犬《いぬ》を連《つ》れてきて、トレーニングを受《う》けたりする。

わたしの役割《やくわり》は、育成施設《いくせいしせつ》で暮《く》らす犬《いぬ》たちと遊《あそ》ぶこと。

言葉《ことば》が通《つう》じなくても、心《こころ》は通《つう》じる。大事《だいじ》なのは、愛情《あいじょう》をもって寄《よ》りそうこと。

そう、ムギが教《おし》えてくれた。
ムギがしてくれたように、わたしも
ここの動物《どうぶつ》たちに寄《よ》りそいたい。
わたしたちの心《こころ》を
いやしてくれるこのコたちも、
きっと聞《き》いてもらいたい
気持《きも》ちがあると思《おも》うから……。

※その後《ご》のはるかちゃんのお話《はなし》『感動《かんどう》のどうぶつ物語《ものがたり》 運命《うんめい》のキズナ』第《だい》32話《わ》

どうぶつからのメッセージ

はるかちゃん
初《はじ》めてキミに会《あ》った日《ひ》のこと
覚《おぼ》えているよ

キミの心《こころ》はガラスのように繊細《せんさい》で
今《いま》にも割《わ》れてしまいそうだった
けれどキミは、割《わ》れた心《こころ》の破片《はへん》で
まわりの大切《たいせつ》な人《ひと》たちを
傷《きず》つけてしまわないように
厚《あつ》い布《ぬの》でおおっていた

ぼくをなでるとき
小《ちい》さなキミの手《て》は
少《すこ》しふるえていて、そして
やさしかった

ぼくが病院《びょういん》に行《い》くと
キミは窓《まど》の外《そと》の鳥《とり》をよく見《み》ていたけど
今《いま》、キミの体《からだ》と心《こころ》が自由《じゆう》なら
ぼくはそれだけでうれしい

退院《たいいん》の日《ひ》にプレゼントしてくれた
ねんどのチャーム
ぼくの宝物《たからもの》だよ

太陽《たいよう》のようなキミの笑顔《えがお》
名前《なまえ》を呼《よ》ばれるたびに
気持《きも》ちがおどった
つらい思《おも》い出《で》は風《かぜ》にとばして
楽《たの》しかった思《おも》い出《で》を胸《むね》にしまおう
愛《あい》しているから悔《く》やむけど
愛《あい》されているから幸《しあわ》せなんだ

第《だい》3章《しょう》

強《つよ》く、生《い》きる

飼《か》い主《ぬし》の心《こころ》に刻《きざ》まれたどうぶつたちへの思《おも》い。
そんな思《おも》いを知《し》り、純《じゅん》はある夢《ゆめ》を持《も》ちます。
いちばん聞《き》いてほしかった人《ひと》にその夢《ゆめ》を
打《う》ち明《あ》けますが、返《かえ》ってきた言葉《ことば》は
思《おも》いがけないものでした……。

第《だい》24話《わ》

支《ささ》え合《あ》う命《いのち》

どうぶつと飼《か》い主《ぬし》とのさまざまな思《おも》いにふれた純《じゅん》は、立花先生《たちばなせんせい》に会《あ》いに行《い》ったのだが…。

コロロになにかあった？
パタ
パタ
コロロは元気《げんき》なんですけどっ
ぶんぶん
ぶんぶん
なっなんというかえーっと…その—
パタパタ
友《とも》だちと会《あ》った帰《かえ》りで…
ドキ
ドキ
うわ…
近《ちか》くを……
そうなんだ
ぼくはこれから休《きゅう》けいタイム
わたしは今日《きょう》あったことを先生《せんせい》に話《はな》した
どうぶつの絵《え》を描《えが》くイラストレーターさんのこと
彼女《かのじょ》が飼《か》っていたインコとの闘病話《とうびょうばなし》や今《いま》まで描《えが》いてきたどうぶつたちのエピソード
チョコの絵《え》を描《えが》いてもらった彩香《あやか》のこと
それから流奈《るな》と子《こ》ネコのポポの話《はなし》——
※シェルのお話《はなし》は『感《かん》動《どう》のどうぶつ物語《ものがたり》 運命《うんめい》のキズナ』第《だい》1話《わ》
わたしも今《いま》の大学《だいがく》に進学《しんがく》したのは※シェルとの別《わか》れがきっかけだったので
気持《きも》ちがすごくわかって——

それでわたし思《おも》ったんです
けんめいに生《い》きるどうぶつと支《ささ》える飼《か》い主《ぬし》さん
それをサポートする動物病院《どうぶつびょういん》で働《はたら》くのもいいなーって！
――…
それはもっとよく考《かんが》えたほうがいい
え？
この仕事《しごと》はそんな思《おも》いつきで決《き》めるものじゃない

じゃあ
そろそろ休《きゅう》けい終《お》わるから
思《おも》いつきで言《い》ったわけじゃないです
わたし!!
先生《せんせい》のお仕事《しごと》ぶりもいつも見《み》てるしっ
なんで…?
先生《せんせい》なら
わかってくれると思《おも》ったのに――…
だっ

あんな立花先生《たちばなせんせい》初《はじ》めて見《み》た
頭《あたま》ごなしな言《い》い方《かた》はしない人《ひと》だったのに…
そんな思《おも》いつきで決《き》めるものじゃない
あれから1か月《げつ》家《いえ》にいても大学《だいがく》にいてもあの言葉《ことば》が頭《あたま》からはなれない
今日《きょう》はコロロの健康診断《けんこうしんだん》に行《い》くつもりだったのに…
ゴロン
ゴロン
あ〜やだなぁ〜〜
気《き》まずい〜〜〜会《あ》いたくない〜〜〜行《い》きたくない〜〜〜コロロォ〜〜
ゴロン
いつもなら楽《たの》しみな日《ひ》なのに——…
バンッ
コロロの病院《びょういん》行《い》くんでしょ!?診察終《しんさつお》わっちゃうわよ!!
びくっ

しかたがない コロロのため だもん…
本日の診察は 終了しました。
ガタ
いつもみたいに ふつうに…
ふつ〜に ―
あっ あのっっ
けっ
どきーーん
健康診断《けんこうしんだん》お願《ねが》いしますっっ
わっ
びくっ
うっ 受《う》けつけ
あたふた
ドキ ドキ ドキ ドキ
終《お》わってますが
ど
どうぞ
本日の診察は
全《ぜん》然《ぜん》ふつうじゃない
ギクシャク
???
ドキ ドキ ドキ ドキ
ギクシャク
でも 知《し》りたい…
なんで あんなこと 言《い》ったの……?
…あ…

あのっ……
あ…
ど
どうぞ…
かあああぁ…
じ
じゃ…
えっと…
「ロビーで待《ま》ってて」と言《い》われコロロと先生《せんせい》を待《ま》ちました
ガチャッ
おまたせ
ごめんね
引《ひ》きとめて
いえ
わたしも先生《せんせい》と話《はな》したかったので…

――この前《まえ》はきつい言《い》い方《かた》をしてしまって悪《わる》かったよ
…じつは
ぼくは一度《いちど》獣医《じゅうい》をやめてるんだ
え…？
前《まえ》にも少《すこ》し話《はな》したけど
ぼくは小《ちい》さいころどうぶつと自然《しぜん》にかこまれた田舎《いなか》で育《そだ》った
たくさんの生《せい》と死《し》と向《む》き合《あ》うなかで「獣医《じゅうい》になる」と決《き》めたんだ
ここの院長《いんちょう》はぼくの親父《おやじ》だけど
「親父《おやじ》が獣医《じゅうい》だから」という理由《りゆう》で安易《あんい》に獣医《じゅうい》になったわけじゃない――つもりだった

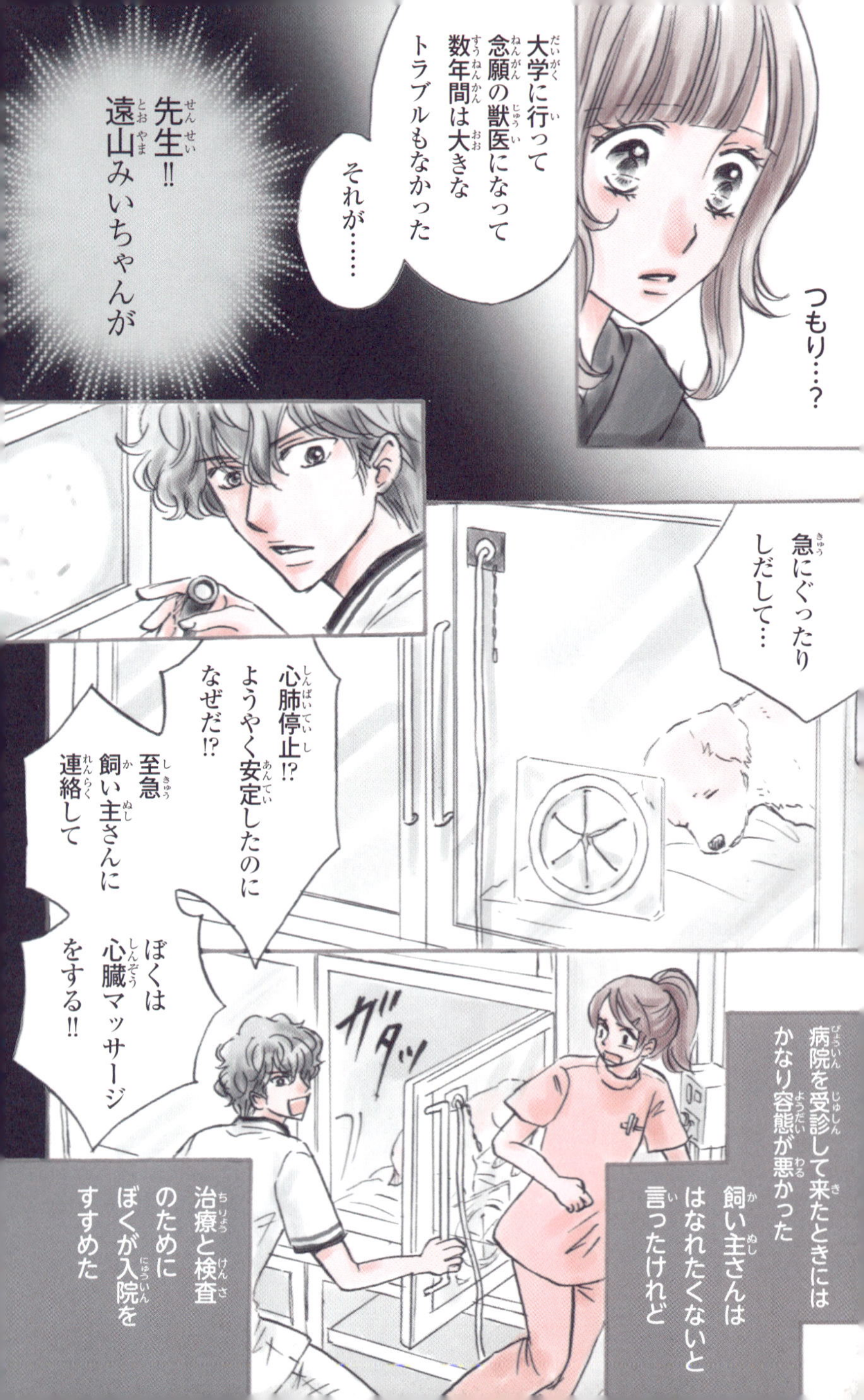

つもり…？
大学《だいがく》に行《い》って念願《ねんがん》の獣医《じゅうい》になって数年間《すうねんかん》は大《おお》きなトラブルもなかった
それが……
先生《せんせい》!! 遠山《とおやま》みいちゃんが
急《きゅう》にぐったりしだして…
心肺停止《しんぱいていし》!? ようやく安定《あんてい》したのになぜだ!?
至急《しきゅう》飼《か》い主《ぬし》さんに連絡《れんらく》して
ぼくは心臓《しんぞう》マッサージをする!!
ガタッ
病院《びょういん》を受診《じゅしん》して来《き》たときにはかなり容態《ようだい》が悪《わる》かった
飼《か》い主《ぬし》さんははなれたくないと言《い》ったけれど
治療《ちりょう》と検査《けんさ》のためにぼくが入院《にゅういん》をすすめた

できるかぎりの処置《しょち》をした
1
2
3
酸素《さんそ》!!
はい!!
けれど
みいちゃんは――…
…連《つ》れて
帰《かえ》ってあげれば
よかった……
みいちゃん
ごめんね
おうちにいた
かったよね!?
ごめんねええ――
わあああ‥

やれることは全部《ぜんぶ》やった
命《いのち》に「絶対《ぜったい》」はない　「さけられない死《し》」だった
でもそれならば病院《びょういん》ではなく飼《か》い主《ぬし》さんのうでの中《なか》で最期《さいご》を迎《むか》えたほうが
くぅ〜…ん
幸《しあわ》せだったはずだ
救《すく》えるものなら救《すく》いたい一心《いっしん》で入院《にゅういん》をすすめた自分《じぶん》は
獣医《じゅうい》として正《ただ》しかったのか？自分本位《じぶんほんい》ではなかったろうか？
考《かんが》えても考《かんが》えても答《こた》えは出《で》なくて自信《じしん》がもてなくなった…

※『感動《かんどう》のどうぶつ物語《ものがたり》 涙《なみだ》は宝物《たからもの》』第《だい》19話《わ》

青空《あおぞら》さんと同《おな》じように飼《か》い主《ぬし》さんには事前《じぜん》に説明《せつめい》して
なっとくのうえで手術《しゅじゅつ》を選択《せんたく》された
——でも確率的《かくりつてき》にはほとんどないことなんだ
ぼくも初《はじ》めてのケースだった
ミスじゃないんですか!?
麻酔量《ますいりょう》をまちがえたんじゃ
本当《ほんとう》は手術《しゅじゅつ》の失敗《しっぱい》では？
飼《か》い主《ぬし》さんはひどくショックをうけていた
手術《しゅじゅつ》はうまくいった
ギュ…
…だけど

手術《しゅじゅつ》によって
死《し》んだことは事実《じじつ》だ
ぼくが殺《ころ》した

ふたつの死《し》が重《かさ》なって
完全《かんぜん》に自信《じしん》を
なくしたぼくは
地元《じもと》で開業《かいぎょう》している
親父《おやじ》…院長《いんちょう》に
相談《そうだん》した
立花どうぶつ病院
獣医師《じゅういし》を
やめたい…？
何《なに》を言《い》ってるんだ？
あの街《まち》は人口《じんこう》の割《わり》に
動物病院《どうぶつびょういん》が少《すく》ない
そういう地域《ちいき》だからこそ
動物病院《どうぶつびょういん》が必要《ひつよう》だと
おまえが――……
やめたら
おまえをたよってくれた
患者《かんじゃ》さんたちはどうなる？
治療途中《ちりょうとちゅう》の
どうぶつたちを
見捨《みす》てるのか？
でも
どんなに院長《いんちょう》に
説得《せっとく》されても
気持《きも》ちは変《か》わらなかった

ガチャ
命《いのち》の重《おも》さから
ぼくは
当院《とういん》は
今月《こんげつ》をもって
閉鎖《へいさ》いたします。
長《なが》い間《あいだ》
ありがとう
ございました。
立花《たちばな》どうぶつ病院
逃《に》げ出《だ》したんだ
立花どうぶつ病院完

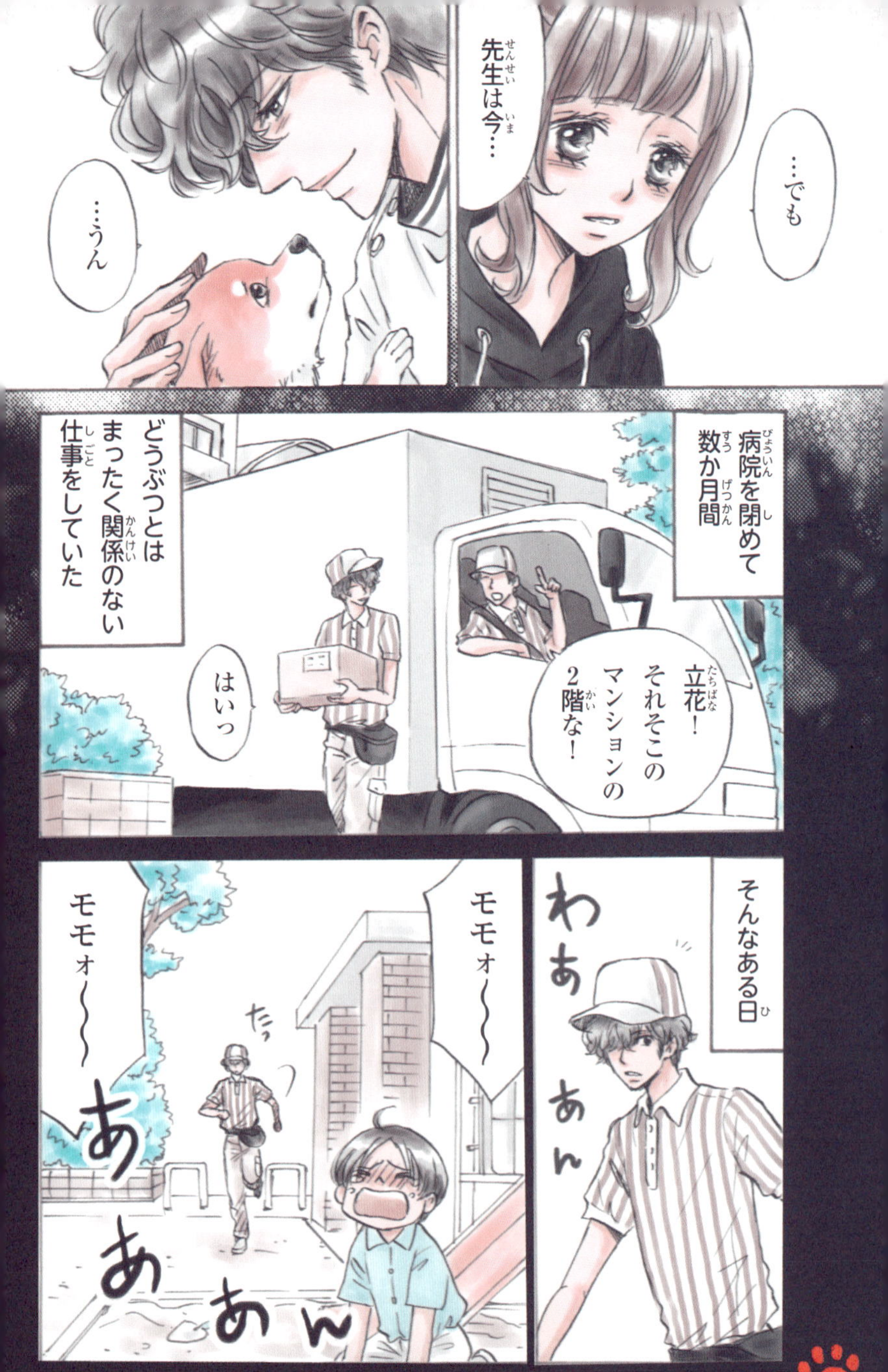
…でも
先生《せんせい》は今《いま》…
…うん
病院《びょういん》を閉《し》めて数《すう》か月間《げつかん》
立花《たちばな》！それそこのマンションの2階《かい》な！
はいっ
どうぶつとはまったく関係《かんけい》のない仕事《しごと》をしていた
そんなある日《ひ》
わぁぁん
モモォ〜〜〜
モモォ〜〜〜
たっ
ああぁん

どうした？ ボク
なにが……
モモがっ…
モモがシーソーから飛《と》びおりてぇ～っ…血《ち》がっ…
ひ～ん
ひ～ん
モモ…
うああん
モモ死《し》んじゃうぅ～

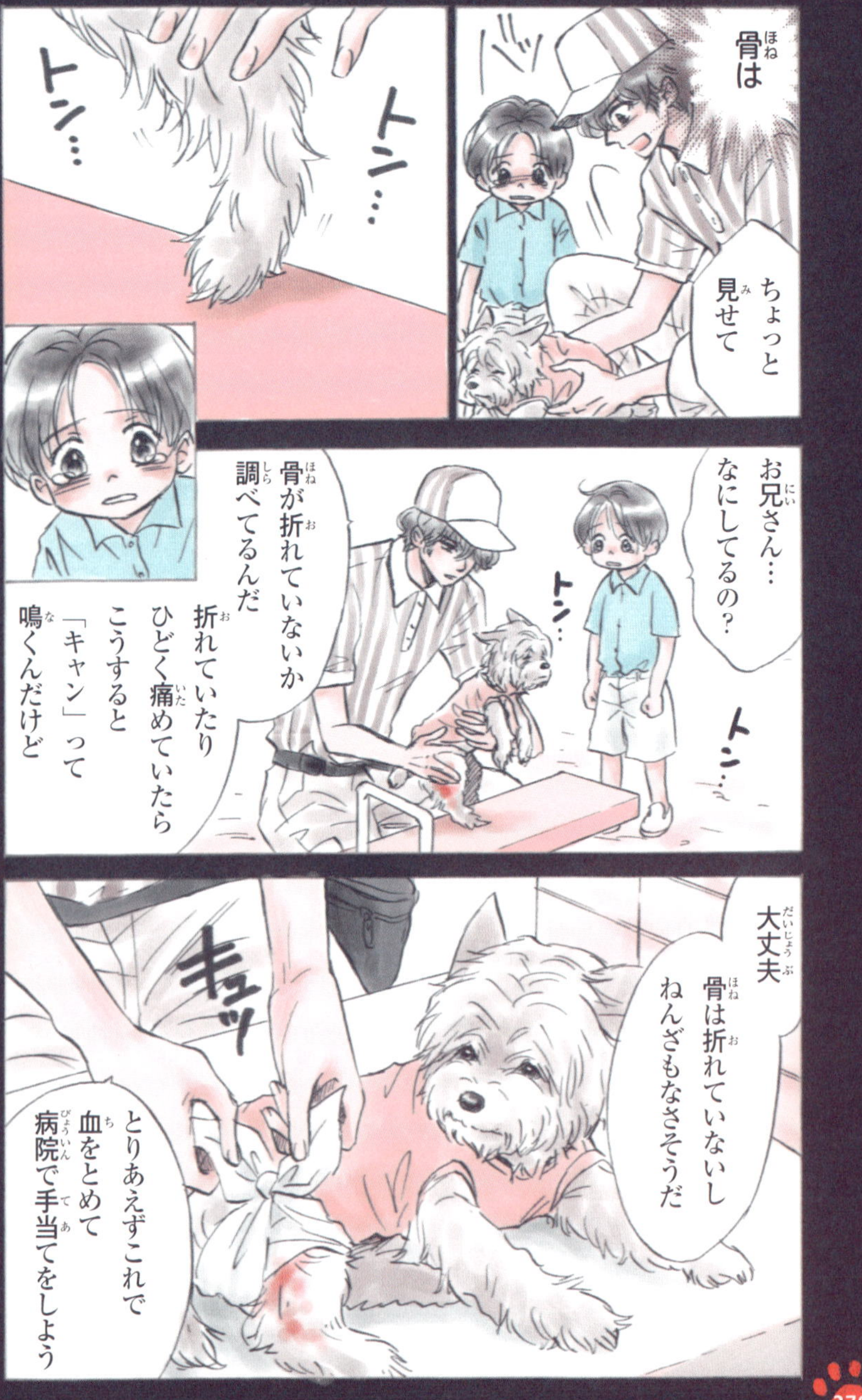

骨《ほね》は
ドッ
ちょっと見《み》せて
トン…
トン…
お兄《にい》さん…なにしてるの？
トン…
トン…
骨《ほね》が折《お》れていないか調《しら》べてるんだ
折《お》れていたりひどく痛《いた》めていたらこうすると「キャン」って鳴《な》くんだけど
大丈夫《だいじょうぶ》
骨《ほね》は折《お》れていないしねんざもなさそうだ
キュッ
とりあえずこれで血《ち》をとめて病院《びょういん》で手当《てあ》てをしよう

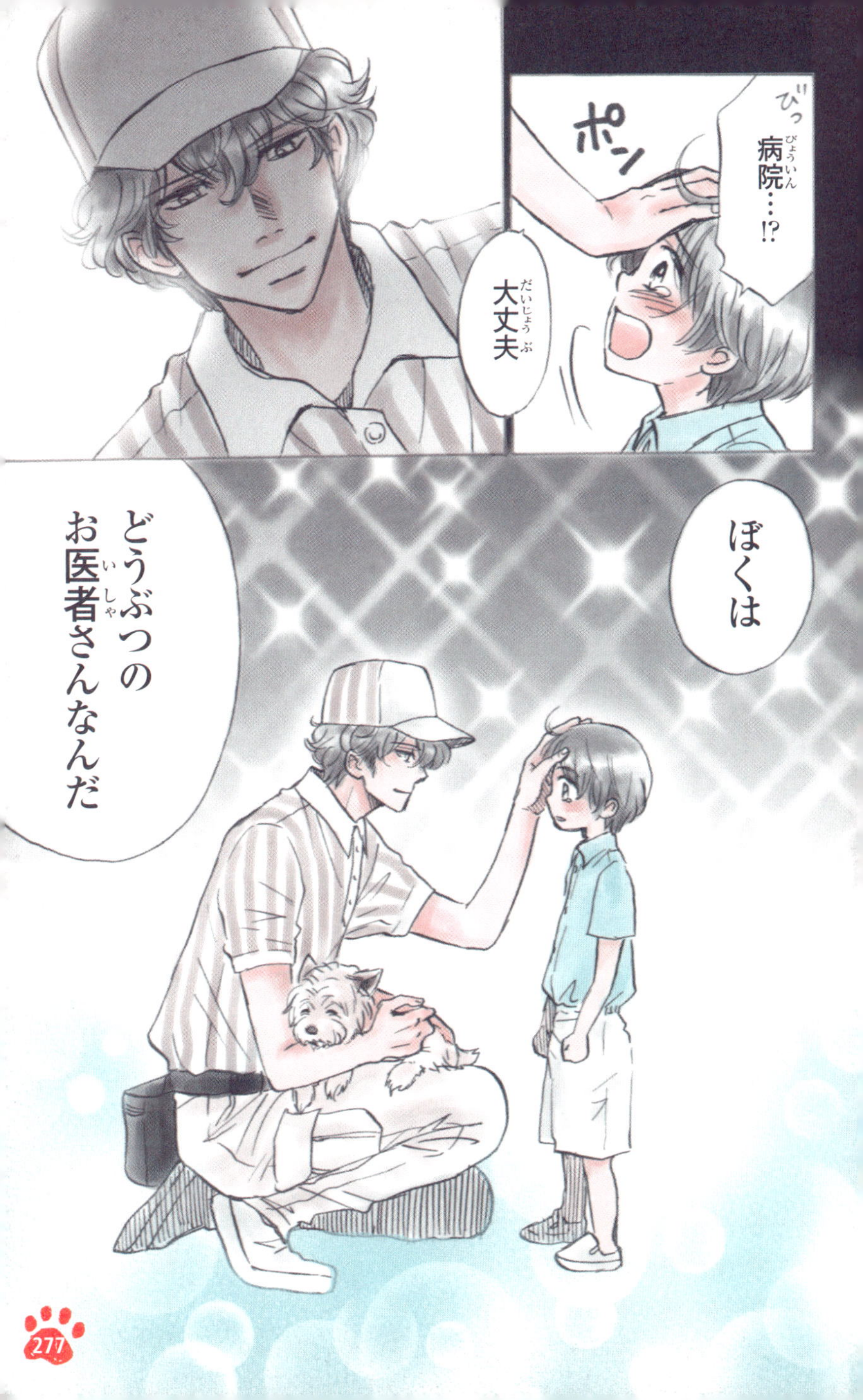
びっ
病院《びょういん》…!?
ポン
大丈夫《だいじょうぶ》
ぼくは
どうぶつのお医者《いしゃ》さんなんだ

立花《たちばな》！
はっ
こっちは大丈夫《だいじょうぶ》だ！
行《い》ってこい！
ぺこ
それから親御《おやご》さんに連絡《れんらく》してここで犬《いぬ》のケガを手当《てあ》てした
立花どうぶつ
ありがとう先生《せんせい》!!
また来《く》るね！
ハッ
ハッ
すごくうれしかった
——ぼくが

「先生《せんせい》」
やっぱり自分《じぶん》はどうぶつたちやその飼《か》い主《ぬし》さんを「助《たす》ける人《ひと》」でありたいって…
そう思《おも》った
もう一度《いちど》ここで獣医《じゅうい》をやろうって——

逃《に》げたり
戻《もど》ったり
情《なさ》けないよな
肩《かた》が
ふるえてる
泣《な》いてるの
……？
くぅ～ん…
思《おも》いつきで
決《き》めるもの
じゃない

先生《せんせい》
だから
あのとき
「よく考《かんが》えろ」
って……？
この仕事《しごと》をしていると
どうしてもたくさんの
「死《し》」と向《む》き合《あ》わなきゃ
ならない
悲《かな》しいとか
つらいからといって
昔《むかし》のぼくのように
逃《に》げていては
勤《つと》まらない
ときには
感情《かんじょう》を殺《ころ》して
冷徹《れいてつ》に…

真《ま》っすぐにどうぶつと向《む》き合《あ》う青空《あおぞら》さんだから
気軽《きがる》に「応援《おうえん》するよ」なんて言《い》えなかった
心《こころ》が折《お》れてしまうんじゃないかって
心配《しんぱい》だったんだ

知《し》らなかった
先生《せんせい》の過去《かこ》
真《ま》っすぐ「命《いのち》」と
向《む》き合《あ》って
なやんで
苦《くる》しんで
挫折《ざせつ》して……
飼《か》い主《ぬし》さんはひどくショックをうけていた
わたし
そこまで考《かんが》えて
なかった……
情《なさ》けなくなんかないです
先生《せんせい》だから
わたしもほかの
患者《かんじゃ》さんたちも
信頼《しんらい》してるんです
どうぶつに
なにかあったとき
飼《か》い主《ぬし》にできることは
かぎられてる
でも

たよれる先生《せんせい》がいると思《おも》うと心強《こころづよ》くて
安心《あんしん》して過《す》ごせる
先生《せんせい》に助《たす》けられてる
…ほんとですよ
ありがとう

まだ進路《しんろ》の
答《こた》えは出《で》ないけど
もう少《すこ》し
探《さが》してみよう
わたしの
どうぶつたちへの
関《かか》わり方《かた》を
そして…
コロロ？
ハッ
ハッ
未来《みらい》を――

ねえ、コロロ
命《いのち》は
命《いのち》を支《ささ》えているんだね
寄《よ》りそって支《ささ》え合《あ》って
おたがい大事《だいじ》なものを
あたえ合《あ》う
それは
あの無数《むすう》の星《ほし》のように
それぞれの輝《かがや》きをはなっている

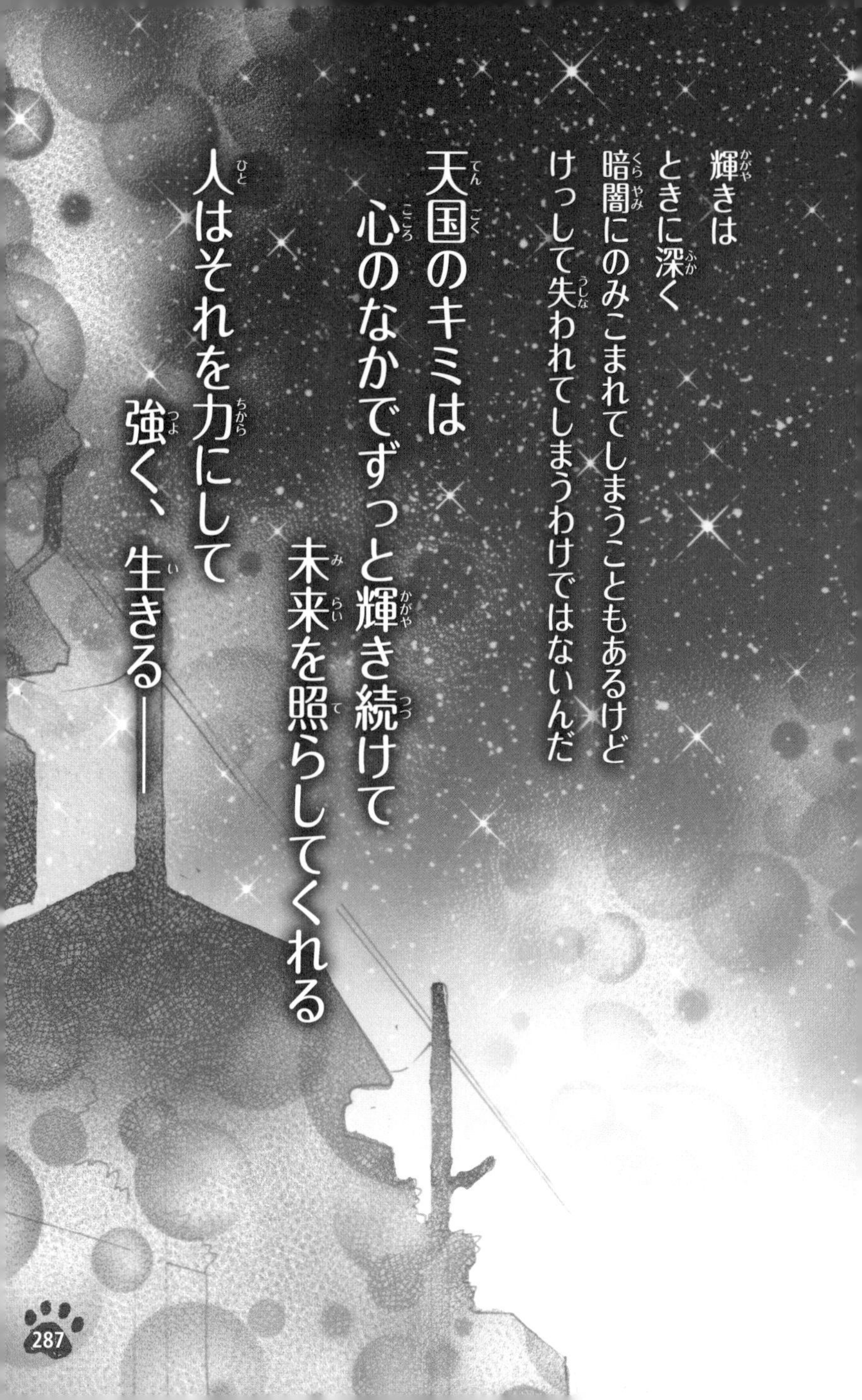

輝《かがや》きは
ときに深《ふか》く
暗闇《くらやみ》にのみこまれてしまうこともあるけど
けっして失《うしな》われてしまうわけではないんだ

天国《てんごく》のキミは
心《こころ》のなかでずっと輝《かがや》き続《つづ》けて
未来《みらい》を照《て》らしてくれる

人《ひと》はそれを力《ちから》にして
強《つよ》く、生《い》きる――

カバーイラスト　高咲あゆ（女の子と犬・ネコ）　鷲尾美枝（インコ）
カバーデザイン　棟保雅子
青空純物語　みやうち沙矢
マンガ　花芽宮るる　片ノ瀬結々　酒井だんごむし　高咲あゆ
ひのもとめぐる　ほづみりや　みやうち沙矢　鷲尾美枝
挿絵　カザマアヤミ　梶山ミカ　片ノ瀬結々　久木ゆづる
楠しめこ　酒井だんごむし　みやうち沙矢
ストーリー　ささきあり　木村芽久美
マンガシナリオ　ささきあり　梶塚美帆　金田妙
デザイン・DTP　棟保雅子　佐藤明日香（株式会社スタジオダンク）
写真提供　Getty Images　PIXTA
取材協力　よこはま動物園ズーラシア
Hari Hari Life（http://harinezumi.org/blog/）
編集協力　株式会社アルバ

★「ミラクルラブリー♡どうぶつ写真館」に登場してくれたどうぶつたち
うーちゃん、クー、ココア、さくら、サンタ、たつおくん、チビ、チョコ（犬）、チョコ（うさぎ）、チョコタン、ちょぼ、トム、なっと、はな、パピ、ピーピー、ぷっち、ぽんた、真蘭（まりん）、みるく、よもぎ、ラン、リキ

ミラクルラブリー♡
感動《かんどう》のどうぶつ物語《ものがたり》 天国《てんごく》のキミへ

2017年9月25日発行　第1版

編著者　青空 純［あおぞら じゅん］
発行者　若松和紀
発行所　株式会社 西東社
〒113-0034　東京都文京区湯島2-3-13
http://www.seitosha.co.jp/
営業　03-5800-3120
編集　03-5800-3121〔お問い合わせ用〕
※本書に記載のない内容のご質問や著者等の連絡先につきましては、お答えできかねます。

ISBN 978-4-7916-2681-6